数智化转型

人工智能的金融实践

邓佳佶 著

DIGITAL & INTELLIGENT TRANSFORMATION
Applications of AI in Finance

中国科学技术出版社
·北 京·

图书在版编目（CIP）数据

数智化转型：人工智能的金融实践/邓佳偌著．—北京：中国科学技术出版社，2022.4

ISBN 978-7-5046-9456-0

Ⅰ.①数… Ⅱ.①邓… Ⅲ.①人工智能—应用—金融 Ⅳ.① F830.49

中国版本图书馆 CIP 数据核字（2022）第 033454 号

策划编辑	赵　嵘
责任编辑	杜凡如
版式设计	锋尚设计
封面设计	马筱琨
责任校对	张晓莉
责任印制	李晓霖

出　　版	中国科学技术出版社
发　　行	中国科学技术出版社有限公司发行部
地　　址	北京市海淀区中关村南大街 16 号
邮　　编	100081
发行电话	010-62173865
传　　真	010-62173081
网　　址	http://www.cspbooks.com.cn

开　　本	710mm×1000mm　1/16
字　　数	196 千字
印　　张	13.25
版　　次	2022 年 4 月第 1 版
印　　次	2022 年 4 月第 1 次印刷
印　　刷	北京盛通印刷股份有限公司
书　　号	ISBN 978-7-5046-9456-0/F·989
定　　价	69.00 元

（凡购买本社图书，如有缺页、倒页、脱页者，本社发行部负责调换）

前言

充满科技变革的金融领域

"金融科技""金融智能"的概念近年来备受关注,但要论金融领域的"科技史"和"智能化",绝非近年才诞生。1987年,中国引入了第一台自动柜员机(ATM)在珠海投入使用,这可以看作是最早的客户服务自动化;1991年,上海证券交易所陆续回收股民的纸质股票,开始了无纸化交易系统试运行;2008年,支付宝(中国)网络技术有限公司宣布注册用户突破1亿人,预示着第三方电子支付将会迎来蓬勃发展;2014年,起步于支付宝(中国)网络技术有限公司的蚂蚁金融服务集团(简称"蚂蚁集团")成立,京东也打出了消费金融战略,互联网巨头纷纷发力个人金融领域,闯出了一条"金融场景+海量数据+技术实力"的金融科技之路,而传统银行、券商、保险也在纷纷谋求智能化转型。招商银行在2020年的年报中写道:

进一步创新和拓展"网络化、数字化、智能化"的内涵和外延,运用金融科技全面推进招商银行数字化转型升级。

这家零售金融业务营收收入占本公司营业收入的57.92%[①]的银行,在以零售金融为中心的客户服务数字化、智能化转型之路中成为国内银行的领先者。"以开放和智能为核心,持续提升科技基础能力",是对当前金融行业智能化转型的诠释。

在过去的5年乃至10年里,金融科技与智能金融席卷而来,堪称金融行业最

---

① 招商银行2020年年报数据。

大的浪潮。身处充满变革的时代，我们既能够看到充满各种想象力的未来场景，又会对这些可能性感到困惑：金融行业如何将人工智能技术融入其中？在这个过程中，传统的金融模式需要在何种意义上重构？各种应用场景中，到底有哪些还处在想象力"泡沫"的阶段，哪些是即将成为现实的创新？

这是金融科技领域的每位从业者都要思考的问题。想要回答这些问题，需要从业者既懂金融，也懂人工智能技术。但现实情况是，金融行业本身就充斥着复杂的理论、经验，其需要融合金融学、经济学、数学、统计学等多个学科的知识。我的一位同事曾抱怨："明明已经了解了金融市场的各种知识，但在具体项目中还是会感觉很多概念听不懂。为什么银行需要风控、券商需要风控、保险也需要风控，但是其方法、逻辑和具体技术却有相当大的区别？"我想，这也是令很多金融科技领域的算法工程师感到分身乏术的地方。

同样，我也听到过金融或商科背景的人感慨："为什么人工智能需要这么多复杂的技术？机器学习、深度学习、强化学习又有什么关系？为什么自然语言处理的分支如此庞杂？为什么算法连这个需求都不能实现？"可以看到，掌握人工智能技术也需要了解计算机科学、数学、统计学等多个学科的知识，在具体落地时，我们还需要了解数据架构、分布式计算等多种技术。这就导致从整体上讲，我们虽然强调人工智能技术和金融的互相融合，但实际情况却是这两个领域都相当缺乏人才，更缺乏对两个领域都有深度理解的专家。

人工智能技术是金融体系进化的动力之一，但要用好这一技术，还需要理解金融体系本身的逻辑。在金融行业智能化转型的过程中我们要解决的问题很多、很杂，但是在金融领域已经形成一套完整的运行规则。如果不能深刻理解问题、痛点在哪儿，金融机构在转型的过程中很容易陷入僵局。传统金融领域的业务专家认为，那些领先的、顶级会议上的研究成果根本解决不了核心问题。除了技术实现之外，金融领域的组织管理、行业默契、监管合规等多重因素都需要在业务落地时予以考虑。而科技领域的技术专家则认为，有些成型的规则应该被颠覆，既然有更先进的解决方案，那么在落地时就不应该墨守成规。这就使得人工智能技术在赋能金融的过程中存在非常多的阻碍和挑战。

本书主题

在本书中，我尝试以"客户—资管—风控"的框架，梳理在金融领域中涉及的各种业务场景，探讨其智能化方向。本书的主题较为宽泛，但在写作过程中，我尽量将宏观的主题落到具体的业务之中。本书并未基于银行、券商、保险、信托、基金的划分来介绍各种金融公司中的落地应用，而是选择尽量关注要解决的核心业务问题，从核心业务问题中抽象出其技术需求，最后再解释具体业务落地时可能存在的差异性。从具体业务问题出发，提出金融领域中真正应该解决的是什么，再寻求智能化的解决方案——我认为这是人工智能技术和金融最可能实现的融合方式。要真正解决业务问题，既需要理解痛点在哪里、需求在哪里，也需要理解技术的上限在哪里、应用的难点是什么。本书尽力以一种算法工程师和金融从业者都能理解的语言梳理金融智能的脉络，并且着力建立一种整体的分析框架。虽然本书也提到很多具体的案例并探讨了案例的落地和实践，但从本书形成的最终目的看，这些案例仍只是辅助读者思考的工具。

希望本书能够帮助金融科技的从业者，在思考金融行业数智化转型时有更清晰的思维框架，不至于陷入谋一域而难谋全局的困境。阅读本书之后，我希望传统金融领域的从业者能够理解"技术"的语言，也希望技术领域的算法工程师能够理解"金融"的语言。

我相信，在未来会有越来越多金融领域的从业者深入理解数据架构、算法模型，以便解决业务中的难题；也会有越来越多的人工智能技术专家、算法工程师转向金融公司，将更多前沿技术带入金融领域之中，落地成能够为业务产生实质价值的项目。而我希望本书能成为辅助这个过程的一道桥梁。

本书特色

本书重在探讨技术在具体业务中的落地——不仅是关注过去和现在已有的，更关注未来可能的。也就是说，在本书涉及的应用场景、人工智能技术、工程实现中，我们关注的不仅是已经成熟技术的落地，更看向那些可能有戏但尚未成熟的数智化转型机会。例如，一方面虽然智能投研、智能投顾场景还很不成熟，但其中可能会出现大量创新的业务，因此本书详细探讨了其中涉及的各类技术以及落地方案。另一方面，在智能支付、"刷脸支付"业务中，虽然目前已有大量成熟应用，但是这方面的业务和其他金融场景落地的关联性较小，在未来还有突破性创新的可能性不大，因此在本书中并没有花大量笔墨进行阐述。

除了激动人心的落地实现，本书也阐述了很多并不成熟的尝试，甚至是失败的经验。从某种意义上讲，本书的形成是一次讨论，而不是一次授课。这样做是希望能够帮助金融科技从业者更深入地思考落地过程中可能存在的问题，帮助读者少走弯路。正如监督学习中既需要"正例样本"也需要"负例样本"，我相信既有成功落地的案例，也有并不完善的案例，才能够帮助读者更好地"拟合"金融智能化应该怎么做。当然，其中不免有不成熟的，甚至是偏颇的见解，但如果能够激发读者批判性思考，让读者探索还未成型的金融领域的技术创新，而不是局限于复制已有的应用案例，那本书的效果也就达到了。

本书中涉及的某些技术细节，对于金融从业者而言可能稍显艰深。在编写本书时，我尽量把较为复杂的技术单独作为一个模块，如果您在阅读过程中对于某些技术模块感到吃力，只需理解这一模块的目标、适用场景即可，技术细节上的处理不会影响整体内容理解。另外，针对具体的算法实现，本书并未在文中附上代码，这是因为我更希望本书的目的是帮助金融科技从业者搭建起金融中人工智能技术落地的思考框架。对算法的代码、原理感兴趣的读者，可以根据注释进一步阅读相关资料。

适合人群

本书主要适合三类读者：

第一类是金融领域的从业者。您可能在工作中需要涉及金融科技、金融智能等领域，期待了解具体技术在业务中的落地。希望本书能够帮助您更好地梳理人工智能技术在金融行业的应用，并了解更多关于人工智能技术的细节：人工智能技术能做什么、前沿领域在哪里、跟业务如何结合等。

第二类是身处互联网等科技行业且要从事金融或金融科技工作的技术人员，包括算法工程师、大数据工程师等。您可能缺少在金融行业的经验，如果要把各种金融知识全部掌握又感到吃力。本书能够帮助您抓住金融业务的核心，建立整体的认知框架，并且帮助您更深入地理解具体业务落地中存在的难点、痛点，发现值得改进的地方。

第三类是对金融科技领域感兴趣的爱好者、在校学生。本书能够帮助您建立金融智能的大致框架，能够让您理解金融科技行业目前的近况如何，各种技术用在了哪里，如何从业务和技术两种角度理解金融领域的推荐、问答、投研等场景中人工智能技术的落地，这能帮助您在未来的学习和工作中搭建起较为完善的知识体系。

限于本人的能力和水平，本书对于金融和人工智能技术的阐述、理解难免存在纰漏。如果各位读者在阅读过程中有任何问题、建议和指正，希望您能不吝赐教，与我进行探讨、交流。可通过发送邮件和我联系：jiajiden@usc.edu。

致谢

本书的创作，最初来源于编辑老师提出的邀请。围绕金融行业的数智化转型，我一直迟迟不敢下笔，因为在这一领域的知识沉淀还尚不足以让我有充分信心，确保我讲出的内容掷地有声。但在和同事、编辑的沟通中，我逐渐意识到，并不是要成为这个领域的行业大牛、对所有知识都信手拈来才行，我只需讲我懂的、能够带来启发的部分，就能够对很多人有所帮助。

在本书编写过程中，我将过往的经验又重新进行了思考、梳理，甚至发现了很多过去自己对它的误区、想法上的偏颇。因此，本书也给了我进一步厘清头绪、建立知识体系的机会。黑泽明导演曾自喻说："自己写书时就像是站在镜前的蛤蟆，照见自己的种种不堪，吓出一身油，但这油却是珍贵的药材。"希望本书也能像"蛤蟆的油"一样，成为读者更好理解这一领域的药方。非常感谢编辑老师在其中付出的心血与努力，本书能够面市离不开编辑老师耐心、专业的指导。

感谢业界同行给我的帮助和建议，并且也感谢我的领导为我编写本书时提供的帮助和鼓励。感谢在本书出版过程中给我提供关怀的我的父母、朋友以及各位同事，本书的出版离不开你们的付出。

目录

第一章　金融科技漫谈　1
第一节　理解金融科技　| 2
第二节　普惠与全球化　| 9

第二章　人工智能技术：过去、现在与未来　13
第一节　人工智能技术的现状分析　| 14
第二节　人工智能的提出　| 17
第三节　第一次浪潮与低谷：多种观点下的早期探索　| 19
第四节　第二次浪潮与低谷：专家系统与商业化　| 25
第五节　第三次浪潮与未来：算力提升与数据驱动　| 27

第三章　人工智能+客户服务　37
第一节　客户服务的价值　| 38
第二节　智能推荐：让金融产品"千人千面"| 40
第三节　智能问答：让服务智能化　| 60
第四节　客户服务一体化：聚焦需求解决痛点　| 89
第五节　"人工智能+客户服务"展望　| 97

第四章　人工智能+资产管理　103
第一节　资产管理综述　| 104
第二节　另类数据+人工智能如何为投资提供洞见　| 109
第三节　人工智能算法用于构建量化投资策略　| 120
第四节　系统化交易　| 135

第五节 "人工智能+资产管理"的展望 | 144

第五章 人工智能+风险控制 — 149
第一节 金融风险控制关注什么 | 150
第二节 信贷：违约预测与反欺诈 | 160
第三节 集合资产管理：风险预警、衡量与反馈 | 171
第四节 保险：投保、核保与理赔环节的智能提效 | 183
第五节 "人工智能+风险控制"展望 | 189

第六章 "人工智能+金融"的未来：
数智化转型中的人工智能技术 — 191
第一节 从数字化转型到数智化转型 | 192
第二节 ESG的前景与人工智能技术 | 195
第三节 监管智能 | 196
第四节 无现金社会中的机会 | 200

总结 人工智能技术的赋能优势 — 201

第一章

金融科技
漫谈

第一节 理解金融科技

如果将时间向前推10年，彼时的"金融科技"还是一个相当新颖的词语。就10年前的国内金融市场而言，银行各分行、券商各营业部使用的大量线下数据、线上数据处于未打通的状态；私募基金尚在某种灰色地带徘徊，仅仅处于起步阶段，而量化私募在国内更是无从谈起。如果实在要谈金融科技，只有当时以点对点网络借款（Peer-to-Peer，简称P2P）创新为代表的小额信贷勉强可以称之为"互联网科技+金融"——P2P那时仍处于蛮荒时期。

10年后的今天，金融科技离人们已经不再遥远。即使我们对金融科技一词还不够了解，但在使用支付宝、手机银行的过程中，我们都直接或间接地和金融科技这一概念扭结在一起。

支付和交易变得越来越简单，过去出于安全和成本考虑的柜台业务，如今绝大部分都可以通过手机端在线办理；过去许多需要人工处理而耗费大量时间的业务审核，如今可以使用各种算法模型在短时间内予以确认。

这些在我们生活中愈发不可或缺的金融工具，正是金融科技这座冰山展露出的一角：它们能使客户感知到最直接、最有冲击力的改变。而金融科技隐藏起来的"冰山"，如银行的数字化转型、信息的线上迁移、大数据计算"上云""刷脸支付"背后的人工智能技术等则让颇具冲击力的改变成为可能。

想要理解金融科技的全貌，我们就不能只看展现在海平面上的冰山一角，而是需要理解清楚"整座冰山是怎样的"。

第一章
金融科技漫谈

但是，理解清楚这一点并不容易——对这样一个交叉领域尤其如此。如果一个人是金融专家，但对科技知之甚少，那他很难判断清楚哪些事情从技术层面是真正可行的；如果一个人只是某方面的技术专家，但对金融业务知之甚少，那么他很有可能找不到真正有价值、能提升效率的业务点。这座冰山相当庞大，想要看懂它，我们就必须先在头脑中有一条清晰的路径，从这条路径出发去理解各种技术和业务。

因此，我们可以从这两个角度来理解金融科技的全貌：金融科技的主线是什么？如今我们走到了哪一个阶段？

一、金融科技的主线

金融是一个相当宽泛的领域，科技同样是一个包罗万象的集合体，那么"金融+科技"所内蕴的场景和应用就更加纷繁复杂了。如果我们不能清晰地抓住其主要的脉络就很容易迷失其中，陷入盲人摸象的困局。

金融科技的主线是什么？一言以蔽之，科技赋能金融。既是赋能，就绕不开金融行业本身的属性：其核心是围绕货币和信用展开的。或者通俗来说，是围绕"钱"展开的。因此，金融科技的核心和金融没有区别，它仍然是围绕着以下三个问题展开的：钱从哪里来？钱流到哪里去？如何保障钱的流动？

这三个问题的回答，分别对应三个关键词，即：客户、资管、风控。

钱来自客户。银行需要从每个客户的口袋里拿到存款，这些存款就是银行信用的根本来源；基金公司需要从每一位基金份额持有人手中拿到资金，当基金份额持有人认购了一款基金产品后，基金经理就能够用基金份额持有人的资金去市场上进行投资；受托人需要从委托人处获得资金，委托人即是信托业务的客户；保险公司需要从保单中获得客户缴纳的保费，这依赖于保险代理人或其他线上渠道的推广。如何触达更多的客户、如何降低客户服务成本、如何提升客户服务的满意度，这一直是金融重要的创新领域，也正是科技融入其中的价值所在。归根结底，资金端的钱来自客户，需要服务好客户才能获得。

钱用于投资。投资可以看作是资产端的业务。银行需要将理财产品募集的资金用于投资；同样，基金公司需要有专业的经理人将募集到的资金投资于债权或股权；券商的自营业务显然具有与基金公司类似的属性，而其首次公开募股（Initial Public Offering，简称IPO）和并购业务则可以看成是股权投资服务在一级市场的延拓。无论是债权投资还是股权投资，无论身处一级市场还是二级市场，投资者、管理者关心的核心问题是一致的：如何让投资更稳健和透明，如何提升投资收益。这依赖于投资者和管理者对信息的捕捉能力、对信息的分析能力以及对资产组合的管理能力。而这些方面正是科技可以赋能的关键。

钱需要风控。银行不希望有坏账，基金公司不希望有亏损，券商希望自己承销的IPO业务不存在风险，各类消费金融公司也不希望自己的消费贷款出现违约，然而，在金融市场中风险是永恒存在的。如果不存在任何风险和不确定性，金融体系也将失去存在的必要性和正当性。虽然银行不希望有坏账，但在具体实践中其希望的是坏账率保持在某个范围以内；虽然基金公司不希望有亏损，但具体而言其希望的是最大回撤率控制在某个范围以内……其基本的含义是：风险控制是一个统计意义下的、基于历史数据总结出的管理风险的机制。传统风控依赖主观判断，而计算机基于大数据进行的征信处理、模型计算，显然比主观判断要更可靠。这些方面，我们已经看到了诸多科技推动金融的具体实践。

钱的流动以及钱如何以更低成本创造更多价值、更风险可控地流动，构成了金融科技的脉络：科技从客户、资管、风控的角度让金融领域相关工作变得更高效、成本更低。

当然，"客户—资管—风控"的视角远不足以概括金融的全貌，例如结算

第一章
金融科技漫谈

或清算业务就难以归类到这一视角之中。但是，至少在我们思考金融科技时，它提供了一个很好的框架和范式。当我们接触到任何金融科技应用、金融科技公司时，我们都可以问这样一个问题：这一科技运用到底是解决了哪个维度的问题？客户、资管还是风控？再进一步讲，科技究竟是如何在这一维度提升效率、降低成本的？

越是对金融科技有深入理解、抛开对其浮光掠影的认知，就越能意识到金融科技并非只是新兴科技和金融业务的简单叠加。

2017—2018年，随着比特币备受关注，区块链和加密货币也成了金融科技中最火的领域，彼时的首次代币发行（Initial Coin Offering，简称ICO）如火如荼地开展。但在今天，我们可以看到许多当时的区块链项目只是披上了一层区块链外衣，根本没有能力解决金融中真正的信用问题。这并非因为区块链技术本身有什么问题，而是因为太多应用场景只是盲目地使用这一新兴技术，仅仅从概念上将"加密"和"信用"联系在一起，却没有真正去思考客户、资管、风控三个方面如何能够在区块链的"去中心化"机制下做得更好。

金融科技的目的并非为技术而技术、为科技而科技，而是让金融创新自然而然地发生。从客户的角度而言，客户并不会因为科技含量高而选择一项金融服务，他们关注的仍然是自身的体验是否够好、费用是否降低；从机构的角度而言，机构也并不会因为"科技含量高"而取得必然的成功，他们关注的仍然是能否触达更多的客户、能否使服务变得更简单和高效。

二、金融科技的发展阶段

具备横向和纵向的视野对认识金融科技是有益的：我们一方面要重视国内金融市场如今从数字化转型到智能化的整体趋势，另一方面也要看到全球范围内较为领先的成功经验。

数智化转型：
人工智能的金融实践

1. 纵向看金融科技

纵向来看，金融行业整体的数字化程度已经较高，但离智能化还有很远的距离。我们可以继续以"客户—资管—风控"的视角，概括性地了解其现状。

在客户方面，目前银行、证券、保险的数字化转型都已经有了不错的成效，较大的金融机构基本上完成了线下数据向上迁移、重要数据全链路打通的数据库和平台的搭建。实际上，在最近5年，国内金融机构的关键词就是数字化转型和数据"上云"。

接下来，科技对金融的赋能将越来越多地集中在"智能化"上，例如，如何利用客户消费数据、客户交易数据，构建客户画像以及实现"千人千面"的产品推荐等问题。再如，各大银行都在努力发展信用卡业务，那么如何通过数据分析、客户挖掘，找准营销渠道、提升客户黏性呢？类似这样的场景还有很多。在这些领域，大部分金融机构还处在"有数据、缺智能"的状态，因此这一类产品、平台的智能化还需要付出更多努力去实现。

在资管方面，国内一些大机构已经有了智能投顾、智能投研的雏形，如平安科技、蚂蚁集团、华泰证券都投入了相当丰富的资源。这类业务的优势在于，智能投顾和智能投研领域本身已经有相当多的行业专家，他们在这方面耕耘多年，智能投顾或智能投研可以很大程度上依赖这些行业专家的判断、认知，而并不需要完全重新造车；另外，智能投顾、智能投研能够使用的数据资源较为成熟，无论是市场数据、基本面数据还是宏观数据，市场上都已经有丰富的数据供应商，相比于缺失的、割据的客户数据，智能投顾和智能投研业务的数据优势是很显著的。

但另一方面，这类业务面临的挑战也会更大。因为此类业务涉及投资，需要直接和钱打交道，所以对人工智能算法的天然不信任感可能成为业务开展的重大阻碍，正因如此，金融机构往往对这类业务的落地提出较高要求：量化模

第一章
金融科技漫谈

型或者人工智能算法在这些方面必须表现得比人类还要出色。另外，既然是投资业务，其核心仍然是对市场的预测是否准确、对客户的风险承受能力是否了解。这两方面都受到相当多不确定性因素影响，需要足够灵活地应对，同时需要更健全、完善的投资框架体系。

这类业务目前仍主要处于辅助投资的阶段，如提供另类数据、输出策略或者呈现以规则型为主的投资建议。如果我们认为其终极形态是能够落地成为代替客户经理的"智能顾问"，或者代替基金助理、券商分析师的"智能研究员"，那不得不承认它离终极形态还有相当远的距离。

在风控方面，由于早期金融科技主要涉及小额信贷和个人金融，因此提到风控，科技赋能的主要场景就变成如何判断个人或公司的贷款违约率。而且，对于很多从P2P业务起家的金融科技公司，贷款违约率的高低几乎决定了公司是否能持续经营。因此从整体上讲，金融科技有关风控的业务，可以说就是围绕着贷款违约率预测、降低贷款违约率展开的。在这方面，金融科技公司采用各种技术手段去降低违约率、减少诈骗案件发生，从最开始的规则制定和人工审核系统搭建，逐渐演变到基于基础征信信息，搭建以大数据、机器学习模型为主的风控体系。

当然，金融科技所涉及的风控远不仅是贷款违约率。例如，在投资层面，投资经理需要关注其投资标的风险，这部分风险包括市场风险、流动性风险、信用风险，等等；在项目层面，不同项目之间的风险隔离、防火墙、交易合规等都涉及具体的风险管理事项。

传统的风险控制主要依赖于简单统计模型和人工手动处理的方式，尤其是人工手动处理的行为往往是"事后补丁"——这也就意味着，公司运行的风控体系是经过惨痛教训之后才建立的。智能化的风控体系，最关键的就是要能从过去的历史数据中"学习"到可能被忽略的风险点，使用程序化的手段、运用算法模型将其落地为能够提前预警的整套装置。

2. 横向看金融科技

横向来看，目前国内金融科技公司在全世界范围内都具有较强的优势。全球排名前十的金融科技公司中国占3家，以"互联网+"为代表的金融科技公司在最近10年内涌现（如蚂蚁集团、陆金所、度小满、京东金融等）。但其实这类金融科技公司其业务仍主要集中在小额信贷和消费金融，少数业务涉及为传统金融公司提供软件即服务（Software-as-a-Service，简称SaaS）系统。相对于整个金融领域来说，科技赋能涉及的范围仍然较小。而在传统金融涉及的资管、保险、信托等其他领域，中美两国之间的"金融科技"发展水平差距依然很大。

在个人银行业务方面， 美国的信用卡业务从1970年就已经开展，美国人均持有信用卡数量超过3张，而国内的信用卡业务仍然处在起步阶段，以比较粗放式的增长为主。相比起来，美国信用卡公司更善于运用科技手段对客户采取更为精准的营销策略。在客户服务上，如使用智能顾问等方面，他们有更加成熟的落地经验。

在投资方面， 美国以彭博（Bloomberg）为代表的全球金融数据库，其数据覆盖度、精准度、时间跨度等都是目前我国数据供应商无法比拟的。底层数据不够完善只是一方面，我国投资界更大的问题还在于可用金融工具不足、市场体系不够完善、投资群体不够成熟。从19世纪80年代开始，美国就出现了许多量化基金（这是当年金融+科技的"明星代表"）。另一方面，美国已有成熟的、专门从事做市交易的公司，并且作为做市商的一部分为市场提供了大量流动性；而目前我国的做市制度仍然处于萌芽期。

从风控角度， 美国已经形成相当完善的征信体系（FICO），其覆盖程度相当高，对于消费数据已经形成成熟的"收集—过滤—分析—输出"体系，各类信用卡公司也建立了基于微观消费数据的数据仓库，并将其用于商业预测、风险预警等。另外，以标准普尔为代表的评级机构覆盖了大量企业，对全球金融

第一章
金融科技漫谈

市场都具有相当深远的影响力，其数据处理广泛使用了各类机器学习、深度学习方法。金融机构、监管部门在风险控制方面也积累了相当充足的经验，在反洗钱、防火墙隔离、重点风险事件等具体项目中也已经开始运用人工智能算法进行处理。相比起来，我国的风控和监管经验都是比较缺乏的。

第二节
普惠与全球化

金融作为服务实体的特殊服务业，我们的眼光还不能只局限于这一行业自身。如果我们想要深入地看待金融科技、理解其应用及其对社会的意义和价值，必须将金融科技置于更大的背景下，分析金融如何让资金配置效率变得更高，如何让社会运转得更好。

金融在很长一段时期内都是富人的游戏，这是一个不争的事实。金融的过分发达，往往会形成马太效应[①]：富人凭借金融工具使财富快速增值，而穷人则被排除在金融体系之外，无法享受资产增值所带来的收益。这一点在美国尤其显著：根据福布斯的数据，2020年前1%的美国家庭拥有34.2万亿美元的财富，占全美家庭财富的30.4%，相比30年前提升了10%；而位于后50%的家庭总共

[①] 马太效应，一种强者愈强，弱者愈弱的现象，广泛应用于社会心理学、教育、金融以及科学领域。——编者注

拥有2.1万亿美元，占全美家庭财富从30年前的3.6%降至现在的1.9%。一个典型的例子：私人银行客户可以获得8%以上的年化收益，但将钱存在国有银行或信用社活期账户只能拿到0.3%～0.5%的年化收益，更不用说高收入阶层还拥有私募股权、家族信托等多种资产增值工具。

导致这一现象的根本原因在于：金融机构的服务成本很高，而较低收入群体学会和金融机构打交道的成本也相当高。但在科技驱动下，无论是金融机构服务成本还是客户学习成本都在显著降低。以余额宝为代表的货币基金变得越来越大众化，就可以看作是这一趋势的明证。也就是说，当金融机构能以越来越低的成本服务较低收入群体时，他们的资产也有望获得和高收入群体接近的收益回报。这将会使得金融更具普惠性质，而这种普惠性质显然是有助于公平且减小贫富差距。如何使用科技，让金融成为撬动社会公平、减小而非扩大贫富差距的工具，这是每位从业者都应当思考的课题。

在科技的驱动下，随着金融行业的服务成本降低，金融的全球化还会继续。在过去几十年间，伴随着经济全球化，世界金融的联系也变得越来越发达、越来越紧密。但是，在许多发展中国家和低收入国家，其金融发展仍然相当落后，大部分人被排除在金融体系之外，超过3/4的人没有银行账户。也就是说，金融全球化仍然有其正当性和合理性。我们也可以从事实中看到，越来越多的消费金融公司将业务延伸到东南亚，甚至非洲地区，将海外业务变成其收入增长的引擎。

但令人担忧的是，以美国为代表的逆全球化思潮席卷而来，而全球金融秩序仍然是美国主导的。逆全球化思潮还是全球化思潮会获胜？显然，这一角力背后不单单只有金融因素，必然涉及经济、政治等各方面的考虑。反言之，金融行业的创新、金融行业的科技进步和开放，其影响也不仅仅是金融行业本身。这是金融变革的大时代，更是世界格局变革的大时代。

当然，上述话题对于本书来说太过宏观。尽管本书希望展开尽可能广阔的讨论、涉及尽可能多的前沿技术和应用，但正如本书的标题所陈述的那样，本

第一章
金融科技漫谈

书并不探讨所有和金融科技相关的场景与实践,只是聚焦金融科技的一隅:科技中的"人工智能技术"是如何赋能金融的。

本书第一部分主要着眼于金融科技(第一章)和人工智能技术(第二章)的整体讨论;第二部分则从客户、资管、风控三个领域出发,探讨人工智能技术的具体运用、落地;第三部分则是对未来人工智能技术赋能金融的展望。

本书的目的并非要呈现各种纷繁复杂的人工智能应用,而是在"客户—资管—风控"这一框架下,着力于系统性地梳理人工智能赋能金融是如何成为可能的:其背景是什么?试图解决的问题是什么?具体是如何解决的?未来还会有哪些可能的、进一步的解决方案?

虽然我们已经将视野限定在"人工智能+金融"领域,但这一领域依然十分宏大。因此在本书中,不免出现由个人偏见而产生的谬误,还请读者见谅。

第二章

人工智能技术：
过去、现在
与未来

第一节
人工智能技术的现状分析

一、乐观还是悲观

在人类所创造的工具中，人工智能技术是目前为止人类使用过的最高级、最具吸引力的工具之一。从语音识别到人脸识别技术等，人工智能已经在很多方面具备超越人类能力的技术潜力，并且在可以预见的未来能够代替大量的重复性工作。

人工智能技术正在改变我们的生活。图像识别、算法推荐这类已经成熟的人工智能技术如今已经被广泛运用到了各行各业，自动驾驶、问答推理等尚不完全成熟的人工智能技术也在逐步从实验室走向商业界，显示出了其未来潜在的商业价值。这些来自方方面面的人工智能技术，已经不同程度地取代了过去的工作、学习、生活模式。在金融领域，"智能投研""智能投顾""智能推荐"也已经不再是一个概念，而是实实在在被各大金融机构成功实践的场景，甚至已经潜移默化地影响了很多人接受金融服务的方式。

我们一方面对人工智能技术抱有如此美好的展望，但同时我们也不得不洞察其悲观的一面。首先，人工智能技术并不单纯是算法模型本身，它还需要有相应的基础硬件设施的支持（芯片、集群算力），算法模型的输入支持（大数据）等。人工智能技术的发展需要其他相关的高科技行业共同繁荣作为支撑。也就是说，我们并不能奢求人工智能技术在输入数据、硬件设施没有突破性进展之前，在一夜之间实现突飞猛进的进步。其次，人工智能技术离目前人们所

第二章
人工智能技术：过去、现在与未来

期待的通用人工智能（Artificial general intelligence）还有相当遥远的距离。通用人工智能指的是机器能够像人一样思考、行动和学习。目前的人工智能技术还仅仅停留在"弱人工智能"的层面，也就是针对某一特定任务，给予机器相应的数据进行模型训练，让机器在特定领域具备完成某些工作的能力。虽然在一些子领域，如元学习（Meta Learning）的研究者，他们研究的就是让机器学会如何学习，但这离通用人工智能还有相当远的距离。如果说把通用人工智能比作是目前人类的进化层次，那么目前的人工智能技术还只进化到了具备基础视觉的多细胞生物层面罢了。

在人工智能领域，乐观与悲观的声音同在，你可以在很多地方听到很多"唱衰"或者"追捧"人工智能的言论。在我看来，以一种历史视角对人工智能"从哪里来，到哪里去"有整体性的了解，这对理解人工智能技术是有益的，这样的视角能够让人们以更理性的态度审视技术的发展。你将会注意到，技术本身有一条缓慢的演进路线，只是舆论对于技术总是时而过分乐观，时而过分悲观，令人看不清那条隐于迷雾之下的演进路线。这也正是在本章第一节的主题：我希望探讨的是人工智能的"过去、现在与未来"——也就是从其过去的技术发展、目前的技术进展以及未来的技术发展可能性出发，帮助我们理解技术，拨开当下的迷雾，而不局限于目前某种或者某几种最火的人工智能技术。

二、繁荣还是寒冬

人工智能的发展之路相当曲折。像所有新兴技术一样，"人工智能"这一概念从一出现就几乎必然地会受到人们关注——正如现在人工智能所享受的热度一样。但出于同样的原因，人们通常会对一项新兴技术抱有不切实际的幻想，甚至相信技术能够一步到位，解决曾经"难于上青天"的问题。当人工智能褪去其神秘的面纱，人们发现它无非一些统计学、数学、计算机科学的结

合，当人们发现人工智能技术并非他们想象中那样，并不能达成"造物主般的奇迹"时，对人工智能的追捧和关注就会随着人工智能的祛魅而减少。随之而来的，是资金越来越少地投入、人才越来越多地流向其他领域，人工智能领域走进"技术的寒冬"。

在"技术的寒冬"中，某些长期无法产生效益的研究方向会被淘汰，剩下的研究方向慢慢转化成为某些业界能够使用的技术。而"漫长的寒冬"何时会结束？直到下一个极具突破性的应用出现，人们又会突然对技术产生十足的热情，重新对它抱有新的幻想……"繁荣——寒冬——繁荣——寒冬"这一过程就是这样不断循环往复的。

本书无意像一本专门介绍人工智能发展史的书一样，将人工智能的发展路径展现在你的面前。这样做或许有助于大家更好地理解"人工智能如何一步一步走到今天"，但可能对于"人工智能应该如何赋能金融"这一问题帮助甚微。

因此，在阐述人工智能发展时，我更愿意思考这样的问题：从人工智能发展历史中，我们能总结出怎样的经验教训？这些教训对"赋能金融"有怎样的启迪？从技术进步、商业落地、发展规划三个方面，我分别做了些总结供读者参考：

1. 技术本身受到多种外部条件的约束

硬件设备（决定人工智能领域能用的算力）、投入资金（资源）、大众关注（人才）……各种因素都会对技术产生影响，最终决定技术发展的路径。从3～5年的时间长度看，人工智能技术中的某一算法、模型变得不受关注、不再重要，这是相当常见的事情。许多技术可能需要有多年的沉淀期。

2. 具体商业落地和业务价值对技术的发展至关重要

一些听上去新颖的词语，可能会在短期内为业务开展带来某些优势和资源，但从长期来看这样的优势是不可持续的。真正解决商业问题的技术才是能

第二章
人工智能技术：过去、现在与未来

受到关注的技术。例如，在人工智能第二次浪潮中，专家系统就受到了工业界的青睐，相对来说这类的规则系统并没有那么"智慧"，但因为能够解决具体的业务需求，所以带动人工智能领域有了突飞猛进的进展。

3. **最初设定的技术框架或发展规划往往并不适用**

这一过程中要习惯于不断地调整方向，灵活应对，绝对不能将最初设定的技术方案、技术规划一成不变地执行。另外，当学界已经出现了新的、具备潜力的技术时，这一时间段往往正是布局的时间，从学界的技术进步到工业界的商业成熟应用往往需要3～5年的时间。

第二节 人工智能的提出

1956年夏天，众多科学家在美国一个名叫汉诺斯小镇的达特茅斯学院聚集，其中不乏一些如雷贯耳的名人：计算机程序设计语言（List Processing，简称LISP）创造者约翰·麦卡锡、信息论之父克劳德·艾尔伍德·香农……他们准备进行一些关于人工智能的讨论。参与者大多年轻气盛，信心十足："一个经过精心挑选的科学家团队如果能在一起工作一个夏天，就可以在一个或多个问题上取得重大进展。"

他们主要讨论了如下方面的问题：

（1）自动计算机：也就是我们今天所说的可编程计算机。

（2）编程语言：到底设计何种编程语言实现计算机的"可编程"。

（3）神经网络：如何模仿人类大脑设计的"类神经元"结构。

（4）计算复杂性：如何研究一套理论用于衡量一项任务的计算规模。

（5）自我改进：让机器能够实现自我改进，找出比目前更优的解。

（6）抽象：如何将人类面临的日常问题抽象成为计算机能够解决的问题。

（7）随机性和创造力：科学家当时的猜想是，真正的人工智能不是完全确定的，而是需要某些基于灵感的随机性，因此需要为计算机引入随机性和创造力才能实现真正的智能。

这一次的研究项目，后来被称为"人工智能达特茅斯夏季研究项目"，通常被认为是人工智能的开端——会议第一次正式提出了"人工智能"一词，一直被沿用至今[①]。

以如今的视角来看，当时讨论的"人工智能"与现在的"人工智能"很不一样。虽然也使用到了诸如"神经网络"这样的词语，但其含义和如今人工智能领域使用的神经网络并不相同。当时对人工智能的设想，是一种倾向于"还原论"的想法：如何模拟人的行为设计计算机？答案是：我们需要硬件、语言、模仿神经元、学会抽象和创造……也就是把人类的思维方式、创造方式拆解下来，尝试使用机器去实现它。

事后来看，这一次会议并没有达成它所预期的结果：会议并没有产生什么极具影响力的成果，而人工智能技术的实际走向也并未遵循会议设定的思路。从人工智能与计算机发展的大浪潮来看，这次会议正如河流发端处的一条涓涓细水，如果你站在浪潮之处回溯，你一定会发现最终汇聚而成的巨浪和这条涓流截然不同，但它在某种意义上正是浪潮最初的原点。从原点出发，人工智能与计算机在接下来20年迎来了发展的"黄金时期"。

---

① 也有人把图灵在1951年所做的报告《智能机器》(*Intelligent Machinery*)作为人工智能的开端。

第二章
人工智能技术：过去、现在与未来

第三节
第一次浪潮与低谷：多种观点下的早期探索

一、人工智能的第一次浪潮

（一）对人工智能的多种认知方式

从20世纪50年代到20世纪70年代，许多计算机科学家、数学家都将目光投向了人工智能，这一时期也通常被称为人工智能的第一次浪潮。以美国为代表的国家率先提供了大量资金，让科学家们自由地从事相关的研究工作。彼时的人工智能就像是一片从未被开采过的金矿，虽然大家还没有看见金子，也不知道哪里藏着真正的黄金，但许多人都愿意在这片土地上挖掘一番。在一番挖掘之后，科学家们逐渐形成对人工智能技术的几种基本认知方式，这几种认知方式可以说都抓住了某些"人类智能"的特征，它们就是：符号主义、行为主义、仿生主义和统计主义[1]。值得提醒的一点是，这样的划分方式更多是站在历史回溯的角度，当时的科学家并非头脑中先有了这些概念再进行探索的，而是在探索过程中逐渐总结、归纳出了这几种基本的认知方式。

1. 符号主义观点

符号主义专家认为人工智能的关键在于数理逻辑。从最初的发展来看，这

---

[1] 这一划分参照《人工智能标准化白皮书（2019版）》。

些专家更倾向于将人工智能定义为一种"比人更可靠、更精密的智能机器",即人们需要从自己的行动中总结出一套严密的规则体系,紧接着只需要告诉人工智能机器这套像数理逻辑一样的规则体系,人工智能机器就能按照这一规则像人一样做出预测、判断或者行动。按照这一思路,符号主义专家后来又发展出启发式算法→专家系统→知识工程[①],即建立专业领域的人工智能技术。符号主义专家曾经在这段黄金时期及之后取得了诸多杰出成就,并被当成当时在工程实践中最有用的人工智能思路。1965年,斯坦福大学的著名计算机学家费根鲍姆(E. A. Feigenbaum)与化学家莱德伯格(J. Lederberg)合作,开发了第一个专家系统DENDRAL,这个系统可以帮助化学家识别未知的有机分子。直至如今,我们使用的大量人工智能模型、设备仍然是以符号主义的观点为根基。

2. 行为主义观点

行为主义专家认为人工智能的关键在于控制论。控制论的基本观点是,人工智能技术可以看作是在给定的外界状态参数下,寻找最优解的问题。例如,一个机器人实现从地点A走到地点B的过程,就可以看成是在给定视野情况、路面情况、是否有障碍(外界状态参数)的条件下,每秒决定机器人选择向前、向后、转向还是调整姿势(行动)的问题。控制论的提出比人工智能早,在工程控制等领域已经得到应用。日本早稻田大学教授加藤一郎(Ichiro Kato)于1967年启动了WABOT项目,于1973年制造出了世界上第一款人形机器人产品WABOT-1。作为最初的机器人产品,在引来关注的同时,也引来了诸多批评:它只能缓慢移动,每走一步要半分钟以上,并不能满足大家对于机器人的真实期待。当然,在之后的人工智能浪潮中,随着强化学习以及相关优化技术的发展,越来越多基于控制论的应用出现在了我们的生活中,如工业界使用的机械手臂、家庭使用的扫地机器人等。

---

① 蔡自兴,徐光祐. 人工智能及其应用(第三版)[M]. 北京. 清华大学出版社,2004:10.

3. 仿生主义观点

仿生主义专家认为人工智能关键在于神经结构。这是一种"仿生学"的思维：既然我们想要创造一个和人类一样可以思考、理解问题的机器，那我们就应该理解人类的神经结构，并根据人类的神经结构，制造类似神经元网络的神经网络模型和脑模型。按照这一思路，在20世纪60年代到20世纪70年代发展出了以感知机（Perceptron）为代表的初代神经网络结构，但是限于当时的模型复杂度、机器算力，感知机只能完成一些简单的分类问题，很难被应用到工程之中。在很长一段时间，对人类神经元的研究、对神经网络的研究都处在进展缓慢的阶段，直到20世纪80年代出现了多层神经网络及反向传播算法后，神经网络才又被重视起来。

4. 统计主义观点

统计主义专家认为人工智能关键在于统计方法。无论是在符号主义还是行为主义眼里，人工智能的行动都是确定的：按照某种复杂的规则决策，或者是根据环境约束得到最优解。但在统计主义眼中，决策、判断更多是一个概率问题。例如，我们分辨出一张图片中的内容是一只小狗，实际上是我们见过了大量的小狗、小猫的图像，而在脑海中自动识别出了某种最有可能的、和过往数据最类似的图案。例如，个性化推荐就可以看成主要是依据统计方法进行的：找到与某位客户相似的人群，给他推荐类似人群喜爱的产品，它并非基于某种确定规则，而是使用统计方法对数据进行处理而得到的结果。在第一次人工智能浪潮中，当时的算力、数据都显然不足以支撑大规模的统计计算，对相关统计方法的了解还主要停留在假设检验的层面。但随着数据和算力的不断发展，统计方法的重要性越来越凸显，目前所使用的大量的机器学习、深度学习模型，其背后都能看到统计主义的思想理念。

（二）对人工智能的三点关注

从各种思潮和方法论的差异性及其发展来看，对人工智能至少有三点值得关注：

1. 算力和数据决定方法的选取

在算力和数据不足的情况下，人工智能技术主要是靠"专家经验→形成规则判断→机器执行"的方法运作，这也是当时专家系统更具应用价值的原因。其根源就在于，仅使用少量数据进行模型训练，很难达到较高的准确率。当时的数据获取难度大，只能采用类似规则的方法。另外，即使当时有足够多的数据，限于当时的算力水平，大型计算机的计算能力还不如我们如今的一部手机，因此也很难深入挖掘数据信息。

在谈论人工智能技术的发展和使用时，脱离算力和数据约束是不可取的——这一点在我们如今的大多数业务场景中都具有深刻含义。例如，虽然现在的算力很强大，但是在具体某项业务中可能难以部署大型神经网络模型，这时候选择更偏规则的解决方案可能会比强行使用神经网络模型更有效。同理，我们如今有大量的数据，但在细分场景下可用的专业型金融数据并不多，这时候单纯依赖模型拟合不能产生最优效果，需要人工智能技术结合专家经验共同构建模型。

2. 确定性与不确定性、可解释性与不可解释性是业务中技术选择应当关注的重点

基于符号主义和行为主义理论下的模型通常是确定性的、可解释的，但基于仿生主义和统计主义理论下的模型，通常不确定性和不可解释性较强。我们常常称"神经网络"为"黑盒模型（Black-Box）"，就是因为我们不能完全清楚模型内在的计算逻辑是怎样的，它更像是基于大数据的统计经验。确

第二章
人工智能技术：过去、现在与未来

定性带来精准，不确定性带来随机性，而模型其实既需要精准也需要有某种随机性，模型可解释性越强当然越好，但是大量基于大数据的统计模型解释性不强却很有效。在人工智能发展早期，符号主义和行为主义的专家相对更占先机，这是因为那时的任务多重视确定性和可解释性；在如今我们使用人工智能技术时，仍需要关注在确定性与不确定性、可解释与不可解释之间的权衡。

例如，假设你需要设计一款闲聊机器人，为了让其变得好玩，需要增加模型输出的不确定性。如果你只有一个标准答案作为回复，那么闲聊机器人未免太无趣了。如果你设计的是一款针对金融领域的专家问答机器人，那么你绝对不能引入太多的不确定性，因为一个错误的回答可能会给客户造成严重损失。在设计闲聊机器人时，你甚至可以允许闲聊机器人"胡言乱语"，从而增加趣味性；但如果是金融问答机器人，你绝不会喜欢它随便输出一些莫名其妙的话，而是需要在人工智能技术中融入专业的金融模型，输出精准答案。

3. 对人工智能的多种认知和技术并非独立，而是相互融合的

例如，有许多学者在研究机器学习理论（Machine Learning Theory）时，寻找算法模型的统计学基础，这从某种意义上可以看成是仿生主义和统计主义的结合，在强化学习中，逐渐融入了深度学习的模型训练方法，形成深度强化学习（Deep Reinforcement Learning）方法。传统的专家系统也逐渐转变成从专家经验中获得特征，再采用机器学习、深度学习进行模型训练的方式。机器人控制理论也逐渐加入了基于专家经验、统计方法的剪枝方法，以提升人工智能技术的模型准确率。想要在业务中做出更具创新意义的模型应用，常常需要了解不同类型技术的基本思路，再思考如何根据业务场景，将可使用的方法融为一体。

二、低谷来临

人工智能的第一次浪潮一直延续到20世纪60年代末、70年代初。到了20世纪70年代，事情变得有些不一样了。人工智能科学家们发现在这条路上有两个难以解决的困境：

1. 指数级增长的计算难度

20世纪60—70年代，在很多应用中科学家们采用的是穷举的思路。但是这种思路在象棋、围棋这样的游戏中变得相当不可行，假设每一步都有10种可能性，那么考虑10步、20步以后的情况，就意味着要进行10^{10}级别的运算，这一运算复杂度是指数级增长的。同样，人造机器人的行动路径也有无数种，想要每一步都枚举计算，所消耗的算力在当时无法支撑。并且，这种计算方式并不符合人类思考的直觉。人类往往只是从简单的几种可能性中，根据某种难以解释的"直觉"或者"经验"做出最合适的一种选择，而并不是采用穷举的方式。

2. 缺乏落地的成品

总体来讲，20世纪60—70年代，对人工智能的期待一度相当之高。人们期望能够看到一个自主行动，甚至超越人类的智慧机器，但展现出来的成品却只是半分钟都无法移动一步的"笨重机器人"。当时人们对于科技的进步抱有过分乐观的态度，有很多研究是朝着做出"通用人工智能"去的，但我们从后来的经验可以知道，这条道路实际上非常难走。在很长一段时间，人们都没有看到能够商业化、产生商业价值的技术和产品出现，这就导致资本和舆论逐渐失去耐心。随着经费和关注度减少，人工智能技术也就相对受到了冷落。

第四节
第二次浪潮与低谷：专家系统与商业化

到了20世纪80年代，专家系统在工业界的落地重新引发了人们对人工智能技术的重视。当时卡内基-梅隆大学（CMU）设计了一款名叫XCON的系统，这一系统能够根据客户设定的需求自动选择相应的计算机组件。它纯粹基于人工构造的规则，并且成功应用到商业生产中，每年节省超过2500万美元的成本。

XCON系统获得的巨大的商业成功，让人们意识到按照这一思路设计人工智能系统是具备商业价值的。这类专家系统只把问题限定在特定领域，如某个行业的营销推广、专业知识等，无须考虑对复杂模型进行训练，也无须担心系统的通用性，只需考虑编写规则即可，其投入产出的性价比很高。

正是因为业界看到了人工智能技术的落地价值，在20世纪80年代人工智能的热潮重新被点燃。在此之后，许多大型企业都开展了人工智能、专家系统相关的研究，尤其以日本和美国为代表的公司，更是在硬件和软件方面都投入了大量资金。

在这一时期，也诞生了如今被广泛使用的深度神经网络。但是当时的计算机算力并不足以支撑比较大型的神经网络模型，因此这一领域还处在初步发展的阶段。1998年，当时还在美国电话电报公司贝尔实验室的杨立昆（Yann LeCun）将卷积神经网络用于识别手写数字，并达到了非常高的准确率，一度掀起学界的高度关注。我们将会看到在这之后的几十年中，这一条人工智能技术的支线继续大放异彩。

从某种意义上讲，第二次浪潮中具有代表性的专家系统能够在这一阶段发展得风生水起，正是避免了上一轮发展中的困境。

1. 所需算力不需要指数级增长

专家系统更类似于活字典，并且只是用作辅助功能，并不追求替代人力，所需要的算力开销相对较少。

2. 落地成果便于商业化

其成果多为一套商业软件，便于服务企业自身，同时也可以对外商业化，很容易辨别其商业价值。

但很显然，随着大型企业逐渐建立起专家系统后，企业经营者就会意识到：这一系统并没有想象中的那么"智能"：它不能自动更新，并不具备任何学习能力，甚至在之后的维护中会耗费很多成本。人们期待看到的是一个能够从数据中"自主学习"的机器，而不是只会根据人们已有的知识行事的系统。更关键的是，有许多任务并不能很好地根据规则被定义。例如，图像识别，我们并非因为某一个像素的颜色而判定一张图片中的内容是小猫还是小狗，而是根据某种复杂的经验做出的判断，这种经验难以直接转化为规则。因此，在诸多专家系统已经落地之后，从20世纪80年代末到20世纪90年代初，人们对人工智能的兴趣又逐渐减退。再加上当时的日本机器人研发也走向失败，人工智能行业整体都进入了萧条状态。

第二章
人工智能技术：过去、现在与未来

第五节
第三次浪潮与未来：算力提升与数据驱动

一、人工智能的第三次浪潮概述

1997年5月11日，IBM[①]研发的"深蓝（Deep Blue）"打败了当时的国际象棋世界冠军加里·卡斯帕罗夫（Garry Kasparov）。这是历史性的一天，它意味着机器首次在复杂的博弈游戏中战胜了人类。除了使用强化学习方法以外，"深蓝"最关键的一点在于使用"蛮力"，它能够每秒钟对113.8亿次浮点进行运算，能搜索2亿步棋。因此，这一次里程碑式的成功，可以说是由人工智能技术和算力共同创造的。它激发了投资者对于计算机硬件技术、人工智能技术的热情，尤其在那个科技互联网泡沫的年代，大量资金投向相关的研究之中。

20世纪90年代后期以来，人工智能技术取得进展。1997年，长短期记忆人工神经网络模型（LSTM）被提出，并且广泛运用于序列数据中，如语音、文本等领域。而在商业领域，2001年iRobot公司推出的智能扫地机器人Roomba也大获成功。

在语音、图像、文本、机器人领域，人们慢慢看到了人工智能技术能够实现商业落地的曙光。2007年，李飞飞带领她的团队开展了一项名为ImageNet的项目，这一项目通过众包的方式向所有研究者、机构提供标注好的图像数据，

[①] IBM全称为International Business Machines Corporation，译为国际商业机器公司或万国商业机器公司。

并举办图像识别挑战赛，建立起图像领域的评判准则。有了丰富的标注数据，图像识别的准确率越来越高。更关键的是到了2012年，辛顿（Hinton）及其团队提出网络结构模型（AlexNet），在多种图像任务上均达到相当优异的成果，这也令业界看到了人工智能可以直接落地的希望。此后，随着互联网技术、大数据进入爆发式发展的阶段，人工智能技术，尤其是图像处理相关技术被运用到了各行各业，如人脸识别、安保识别、车牌识别、等等。2014年，生成对抗网络（GAN）被提出，这种算法采用生成模型（Generative Model）和判别模型（Discriminative Model）实现无监督学习，可以用于生成从未出现的数据、特征等，这种方法很快被业界用于图像生成、文本生成等领域。在文本处理领域，自2018年以来的BERT模型、GPT系列模型等超大型深度神经网络模型的出现，也将人工智能在处理许多文本任务的准确度提升至接近人类的水平，谷歌翻译正是采用了BERT模型将原有的翻译模型进行改进。同时这也意味着在未来，依靠超大模型+超级算力的人工智能很可能成为未来的基础设施。

有趣的一点是，图像领域所使用的突破性算法，并非全新的事物，其雏形在1998年就已经被杨立昆运用于图像识别，但之所以等到2012年才迎来如此重大突破，原因在于数据的爆发式增长、算力的提升以及某些机缘巧合。

在应用领域，2014年，亚马逊推出了智能音响Echo，微软推出了智能语音助理小娜，种种事件标志着语音技术走向成熟的商业化道路。2016年和2017年，谷歌的深度思维（DeepMind）团队使用人工智能阿尔法围棋（AlphaGo），打败了围棋世界冠军李世石和柯洁，这不仅让人们惊叹：没想到在这种顶级的智力游戏中，人工智能技术已经超过了人类的最优表现。另一家专注机器人技术的公司——波士顿动力在2016年发布了阿特拉斯（Altas）系列机器人，并且陆续推出了此后的改进版本，在后来的版本中，Altas已经能够完成快跑、跳跃、前空翻等需要高平衡难度才能完成的任务；2019年，波士顿动力宣布将旗下的另一款机器狗SpotMini商业化，并在2020年初用于巡逻等日常活动中。

很明显，我们目前仍然身处这一次浪潮之中。在技术层面上，基于深度神经

第二章
人工智能技术：过去、现在与未来

网络而发展起来的人工智能技术仍处在高速发展的阶段，这一技术仍然具备十足的潜力；强化学习也在自动驾驶、游戏博弈等领域展现了其颠覆式的影响力。

在应用层面上，图像领域已经有不少非常优秀的人工智能公司，并且他们已经将各种算法落地在了安防、支付、风控等领域，但图像仍然有许多值得挖掘的地方，例如在辅助农业转型和工业智能化的过程中依然有不少潜力；文本领域的应用非常丰富，目前文本领域较大规模的成熟应用还主要是搜索、推荐和翻译，而在知识推理、文本抽取、文本生成等具体应用也有吸引人的商业价值；语音领域的应用主要体现在语音识别、语音合成，并且结合图像视频处理技术、文本处理技术，实现多模态信息的融合，这将形成巨大的商业价值；以医疗行业为代表的更智慧化的专家系统也在逐步落地，该系统摒弃了过去完全依靠规则的系统构建方式，而是转向专家知识+算法模型的方式，距离真正的智能化更近一步。

二、技术落地的三个关键点

当我们运用人工智能技术的时候，常常听到这样的问题："使用人工智能技术时到底要注意些什么呢？如何判断在何种业务场景下，适合引入人工智能技术呢？"

的确，人工智能涉及的技术繁多，包括语音识别、文本生成、图像处理、机器人技术，等等。而且一旦和业务联系起来，要考虑的因素就更多了。算法专家不仅需要关注技术实现，还需要关注工程落地，更要理解业务价值。但这并不代表将技术和业务的结合是无迹可寻的。如果我们抽丝剥茧，就能够提炼出在运用人工智能时最应该关注的以下几个方面。

1. 数据驱动

数据在人工智能技术落地中的重要性再怎么强调都不为过。算法驱动的核心是数据驱动，运用算法从数据中总结模式。抛开数据去谈人工智能的落地是不现实的。事实上，市面上有大量失败的案例正是由于业务中难以获得数据。当我们谈论数据的时候，不单单是谈论是否有数据，还包括数据质量、数据规模等。我们需要关注：

- 数据质量如何？数据和业务是否有直接关联？
- 是否能获取关键数据？如果不使用技术，而是让人来做，人是否能够从数据中寻找到某种模式？
- 数据是否足够多？在数据不充足情况下如何进行模型取舍？

从数据出发，思考数据中有哪些值得挖掘的价值，让业务能更高效地实现。

2. 算法迭代

使用人工智能技术时要以迭代的视角看待技术运用，尽量避免"系统交付—完成开发"的思维模式。技术的更新迭代日新月异，算法本身就需要不断更新，而非一旦完成就一成不变。更重要的是，在数据驱动的模式下，算法应该通过采集的新数据不断优化，形成"数据—反馈—上线新模型—新数据—再反馈"的循环。只有在极少数非常成熟的应用场景（如人脸识别）下，才可能需要以系统交付的形式完成任务。在大部分场景中，我们应该思考：

- 如何快速冷启动？是否能将已有规则或模型直接迁移过来？
- 如何获取新数据并用于模型优化？是否应该从整体考虑数据的采集、储存、反馈？
- 如何使模型快速迭代？应该使用哪些技术让迭代更加流畅？

以迭代的思维运用人工智能技术，才能够避免闭门造车，不至于陷入花巨大精力开发出并不满足需求的"高精尖玩具"的困境。

3. 回归业务

无论采用多么前沿的技术，技术的价值始终还是通过业务体现的。业界的技术落地不同于学术界的研究，算法专家需要回归业务本身，追求技术在业务中的实用性和价值创造的能力，明确围绕业务本身创造了什么价值，不能一味追求技术领先。例如，某些盲目上线的智能语音服务，其客户体验甚至不如文字交流来得通畅，那么这样的项目就显得有些得不偿失了。关注技术能满足客户的何种需求，关注何种技术在真实落地中更具备业务价值，这是算法工程师必须思考的问题。

三、应用于金融领域的前景

人工智能的各种技术在金融领域中已经得到广泛应用。在投资中，基金经理和分析师已经开始使用人工智能技术对另类数据进行处理，从而获取市场上其他投资者难以捕捉的独特信息；在投资优化、算法交易中，资金管理者也已经开始使用人工智能技术降低交易成本和投资波动率，提升获利的准确率；在金融服务中，银行、券商、保险、金融科技等公司已经开始在各类业务中使用人工智能技术。"刷脸支付"就是人工智能技术的典型应用：学习大量人脸信息数据构建算法模型进行人脸识别，并部署在云端。使用时，从终端获取客户脸部特征，再通过云计算技术在云端进行判别。

在金融领域的人工智能技术，既面临挑战也充满机遇。

数智化转型：
人工智能的金融实践

1. 促使人工智能认知能力的提升

目前人工智能技术主要集中在"感知"领域，但离"认知"还有一段距离。例如，如果我们通过对比航拍图像数据，识别出"2020年9月外贸港口吞吐量比去年同期增长8.9%"，那么这就是使用图像识别得出的结果，这种信息仍然停留在"感知"阶段，但这个信息蕴含的"新型冠状病毒肺炎疫情（后简称'疫情'）以来中国经济恢复超预期"这一信息则是"认知"，它代表了数据背后蕴含的、以人类视角观察到的深层次信息。

"认知"需要有常识。未来的人工智能技术既需要有人类具备的基本常识，也需要有专家具备的领域知识。在前面的例子中，我们至少需要有"2020年暴发全球疫情"的基本常识，也需要有"港口吞吐量和外贸直接相关""外贸增长率和中国经济增长联系在一起""外贸增长预期约为6%，8.9%是超预期水平"等一系列专家知识。

针对人类基本常识，自然语言处理技术可能具有广阔的发展前景。我们已经有大量语料库，如维基百科、百度百科等基础信息，在金融领域，也有相当丰富的新闻、研报等文本，但是这些信息大部分没有被结构化为可以用作推理、认知的数据，其原因在于目前的知识图谱技术、知识推理技术还不够成熟。未来，我们将建立基于大量语料库的知识图谱，这对于构建知识问答系统、投顾系统等都具有深远价值。

如让智能化机器具备专家的领域知识，需要将人工智能技术和专家知识结合起来，将财务模型、投资模型、定价模型、产业分析模型等金融专业人员使用的知识转变为机器能够理解的代码，再将其和人工智能技术相结合。也就是说，在实现人工智能技术时，我们并不能抛开"专家知识"，仅仅使用数据拟合模型，而是需要将专家的认知逻辑作为框架，再使用人工智能技术去解决过去需要人工解决的每个细节。"人机回圈（Human-in-the-loop）"在某种程度上代表了未来人类智慧和机器智慧结合的方向：我们需要采用人机回圈的过程

第二章
人工智能技术：过去、现在与未来

辅助机器做出决策，用户的反馈、专业人士的建议会被用于业务决策，同时也会被放入人工智能算法中，以提升算法的准确性。

2. 缺乏数据仍是人工智能落地的难点

相比5年或者10年前，无论是从数据规模、数据质量，还是数据获取便捷性等方面考虑，数据似乎都不再是一个问题了。但在真正的工程实践中，数据缺乏仍然困扰着每一个团队，尤其是在许多金融细分领域，缺乏数据的问题仍然是人工智能落地的最大阻碍。数据缺乏主要分为三种情况：

第一种，获取途径受限。 不同公司都有各自的商业数据，并且这些数据被看作是公司宝贵的资产，因此在大多数情况下，想要获取其他公司的数据是相当困难的。例如，一家金融公司可能有客户大额转账的记录，但它没有客户出行、支付等生活信息的记录，这些记录可能在其他公司手中。这种情况下，"联邦学习"可能会成为未来技术发展的一种方向。"联邦学习"的含义是，让各参与方在不披露底层数据的情况下，通过交换加密的人工智能技术中间结果实现联合学习。每家公司只贡献自己的数据，得到的却是根据所有公司数据训练得出的模型，并且在这一过程中不用担心信息和隐私泄露的问题。按照这种思路，"联邦学习"可以打通各公司的数据孤岛，实现真正的"大数据"。

第二种，标注成本过高。 专业领域的数据往往存在数据标注过于昂贵的问题。例如，医疗领域的图像需要医疗领域的专家才能判别。类似地，金融领域的数据也常常需要金融领域的专家才能做出判断。这就导致虽然名义上这些数据是可以获取的，但是获取的成本过于昂贵，在实践中往往难以获得。目前的解决方案通常采用"迁移学习"，这是一种把已有知识、模型迁移到新任务上的技术。例如，我们想要训练一个能读懂金融文本的人工智能模型，如果我们已经有一个能读懂中文的人工智能模型，那么我们就可以在这一模型的基础上再加入数据，把它改进成能读懂金融文本的模型，这样做所需要的数据比从头训练一个能读懂金融文本的模型要少得多。

第三种，金融数据固有属性导致的数据缺乏。金融中有大量数据是从金融市场的交易中获得的，我们没有办法采用数据标注或者数据生成等手段获取。例如，假设我们想要预测金融危机，或者研究金融危机时期的市场规律，我们期望的是获取100次金融危机发生时的数据，从这些数据中总结相似点——可是，1900年以来全球性金融危机就只发生了2次！我们无法在实验室中制造出100次金融危机来生成数据！

类似这样的"黑天鹅事件"，在金融研究中扮演了非常重要的角色，但我们可以使用的数据产生频次非常低，甚至只有屈指可数的几个数据点可以参照。传统的有监督学习的思路显然是不适用的，而是应该结合已有的金融模型、专家经验进行判别。另外，有监督学习和无监督学习的结合可能也对这类难题有所帮助。有监督学习可以类比成一个儿童看过几百万个标好了标签的苹果，然后建立"苹果"这一概念。但事实上，儿童在理解"苹果"这一概念时，自主地观察各种水果的大小、形状、颜色等特征后（无监督学习），大人只需要告诉他一次"这就是苹果"（有监督学习），他就能够很轻松地理解苹果是什么了。

总而言之，数据仍然是算法工程师应该关注的重点，针对不同类型的数据缺乏，应该采用不同的解决方案予以应对。

3. 黑盒模型的"白盒化"

在前面我们已经提到了"黑盒模型"这一概念，实际上这也是大多数在人工智能领域以外的人对人工智能技术的认知：给人工智能算法一个输入，它可以给出一个看起来还不错的输出，但很难解释在机器内部到底发生了什么。这种难以解释的性质在金融领域可能成为致命的弊端，因为这很可能就意味着监管层或者合规部门不接受该结果。

出于这样的原因，想要让人工智能技术更好落地，更易解释的模型也是必需的。这里的解释分为三种层次：

第一，解释算法的内部结构，防止意外情况发生。黑盒模型最直观也是最

第二章
人工智能技术：过去、现在与未来

致命的弊端是：没有人能保证黑盒里不存在一颗定时炸弹。尽管它很有效，但为了保险起见，许多机构也会避免使用它。因此要让人工智能技术被更好地接受，就需要打消不了解模型算法的金融从业者的疑虑。而打消疑虑的关键，就是要让其他人知道"算法模型是安全的"。一方面，让监管层或者合规部门确认模型的设计是有逻辑的、在算法层面是有效的，尤其在某些"黑天鹅事件"发生时模型也能正常运行。另一方面，也可以在黑盒模型之外加入其他规则型设置，类似于为模型加上"保险杠"，以保证在特殊情形下不至于出现因为模型输出的结果不准确而产生巨大损失的情况。

第二，解释究竟是哪些输入起到了关键作用，解释输入和输出的联系。例如，假设我们采用了黑盒模型去判断客户的违约概率，在得出了"拒绝放贷"的结论后，至少希望模型能够告诉我们做出"拒绝放贷"最关键的判断因素是什么：是客户抵押的资产不够，是和不良征信的人有密切联系，是缺少连贯的信用记录，还是以上三者兼有。目前比较常见的一些做法是使用代理模型、局部模型、敏感性分析等方法进行模型解释，给出关键的输入变量。例如，我们可以使用树模型作为黑盒模型的代理模型，其好处是树模型是便于解释的。我们使用树模型去尽量拟合黑盒模型的结果，这样一来，就可以把树模型得出的解释近似为对黑盒模型的解释，从而对输入和输出之间的联系有粗略的认知。

第三，按照人类更直观的、外行也能理解的方式解释黑盒模型。例如，在图像领域，我们可以通过可视化技术让用户直观地理解每一层、每个神经单元捕捉到了颜色还是形状信息，但是在金融领域，大量数据都是难以可视化的，例如，财务数据经过神经元处理后就很难直观理解。因此从目前看，这一层次的模型解释性仍然处在探索之中。

人工智能的可解释性在未来很长一段时间都可能是技术人员需要关注的。随着人工智能的落地，技术人员需要越来越多地向外行解释算法的方法论、设计逻辑、有效性、可用性等问题，并需要在复杂模型和简单模型、可解释模型与难以解释模型之间进行权衡。

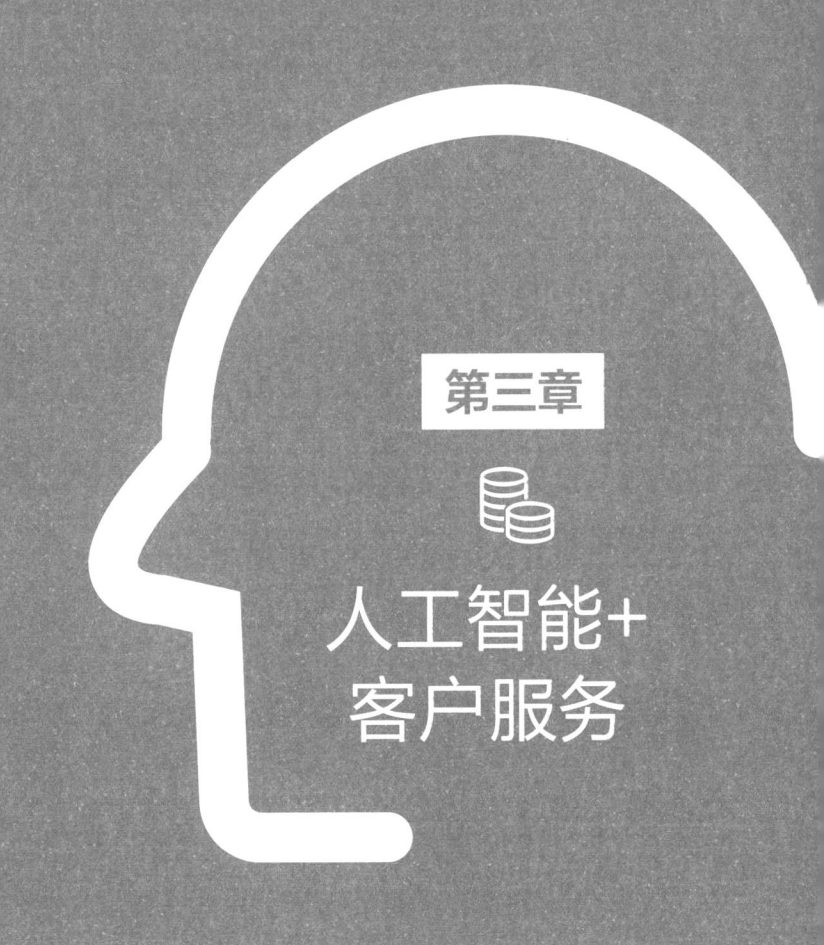

第三章

人工智能+
客户服务

第一节
客户服务的价值

金融业的本质就是服务行业。个人储户在银行开立账户，通过柜台人员、客户经理、理财经理办理业务；证券客户通过证券机构的经纪人获得投资建议和必要的交易支持；投保人则需要通过保险代理人给出的定制化建议选择投保品种，并在理赔时经由保险代理人进行理赔……可以看到，客户服务构成了金融业最重要的一环。这里所指的客户服务，并非仅仅是电话服务，还包括推广、运营、销售、售后等环节的客户服务。

客户服务的重要性还在不断提高。在过去，金融机构的服务更偏被动型：客户提出某种需求，如股票开户、存取款等，金融机构按照流程为客户办理。随着沟通越来越便捷、信息流通越来越流畅，大量流程性业务可以在线办理、自助办理之后，这样的服务模式显然不足以在竞争中具备优势，金融机构需要提升服务质量、增强客户信任，主动触达更多潜在客户和潜在需求。例如，客户会因为理财经理的推荐，从而购买某款基金产品，这就是被动型服务较难实现的，这一过程需要让客户对产品有所理解、契合客户风险偏好、建立客户与理财经理之间的信任，等等。

在思考客户服务时，无论是针对To B（企业）业务还是To C（个人消费者）业务，金融机构长期以来都有两点关键的考虑因素：如何降低服务成本、如何提升服务质量。

例如，金融机构可以通过为客户提供"24小时在线"的服务以获得更大的竞争优势，这就是站在提升服务质量的角度采取的做法；而从成本端考虑，金

第三章
人工智能 + 客户服务

融机构可以在劳动力成本较低的区域建立集中化的客服中心，从而降低成本。在当下以及未来，金融机构如何进一步降低服务成本、提升服务质量呢？

答案之一就是"人工智能技术"——利用人工智能技术构建的自动化、智慧化服务系统正在提供越来越多的解决方案。人工智能交互越来越多地被用于辅助甚至替代过去依靠人工客服、客户经理来完成的任务。金融机构在降低成本方面更多考虑自动化的解决方案，而非使用更多的廉价劳动力，以算法推荐为代表的技术能够进一步提升金融机构的服务质量，实现精准推送。在这一章中，我们主要讨论人工智能技术在金融服务中三个方面的应用：

1. 推荐系统

在传统的金融服务中，客户要么是通过1对1的会员（VIP）服务获得个性化推荐，要么只能接受同质化的金融信息。推荐系统在互联网企业中获得相当成功的落地之后，它也被引入到金融行业中。基于推荐系统建立的产品推荐、信息流推荐，可以根据精准定位的客户需求，为客户推荐更加合适的产品和信息，采用"千人千面"的推荐模式实现定制化服务。

2. 问答系统

问答系统的核心功能是用人类的语言回答客户提出的问题，实现机器与客户之间的交互。好的问答系统能够实时帮助客户明确需求、解决问题，大大减少对传统客户经理、人工坐席的依赖。不仅如此，问答系统还可以承担金融专家的职能，针对复杂的金融场景、金融问题给出专业解答。传统的金融专家非常稀缺，而问答系统可以通过内置专家知识，以近乎无成本的方式服务更广泛的人群。在金融领域中，基于问答系统构建的人工智能客服已经被运用在了日常业务场景之中。

3. 客户服务一体化系统

客户服务一体化系统能够让服务体验更流畅，重在流程创新，让客户在使

用金融服务时更加便捷。例如，招商银行就通过使用大堂机器人、智能柜员机、智能打印机、网银自助服务机等多种设施，在柜台业务办理场景下打造一体化智能服务。除了银行以外，在保险、证券等领域打通客户服务流程，解决客户需求痛点，成为人工智能技术落地的一个重要方向。

第二节 智能推荐：让金融产品"千人千面"

一、推荐系统为何备受关注

大部分人对于推荐系统都并不陌生。当你打开美团等生活服务类软件，系统会根据过去你的浏览记录、所在位置定位、消费偏好等信息，给你推送最有可能感兴趣的餐厅；当你打开淘宝等购物软件时，同样也会看到系统根据你的兴趣而定制的商品列表。推荐系统早已成为互联网公司关注的重点领域，并且已经成为互联网公司的关键增长引擎，如脸书（Facebook现已更名为meta，元宇宙）每年的广告收入有842亿美元（2020年的营收数据），其广告推荐系统如果能够将转化率提升1%，将额外带来超过8亿美元的收益，这对于企业来说显然是极具吸引力的。

以抖音为代表的信息流推荐在过去一段时间取得了非常巨大的成功。信息流推荐能够极大程度地增强客户黏性，获取客户注意力，这既产生了更多直接

第三章
人工智能 + 客户服务

变现的机会，也能引导客户和品牌、机构之间建立更密切的关联和信任感——而后者正是金融机构尤其关心的。

推荐系统的运用如此广泛，并且受到如此关注，离不开以下两点：

第一，相比起流水线式的同质化内容，客户更需要定制化的信息、产品和服务。在过去，定制化的产品和服务，需要大量的人力、采用一对一的VIP服务才能做到，但是现在情况变得不同了。当企业能够以一种低成本，甚至接近零成本的方式，为大量客户提供精准的定制化内容时，企业自然有动力采取这样的做法为客户提供服务。而客户的注意力，自然而然会转移到"千人千面"的推荐系统所提供的内容上。推荐系统基于算法和大数据，为客户提供最可能感兴趣的内容，显然更具吸引力。以信息流为例，字节跳动旗下的今日头条和抖音，其扩张很大程度上得益于领先的推荐系统，极大地俘获了客户的注意力。

第二，数据驱动的推荐系统能够依靠数据不断进化。当企业使用推荐系统为客户提供服务时，企业能够从客户的行为中判断推荐的内容是否令客户满意。而客户产生的行为数据为推荐系统的迭代提供了养分：企业可以通过推荐系统给出的内容、客户之间的交互等反馈数据，不断升级推荐系统，让推荐系统了解客户的偏好，从而构成"推荐系统→数据→推荐系统→数据"的反馈闭环。对于那些在推荐系统方面具备技术领先优势的公司来说，其能够吸引更多的客户，从而获得更多的客户反馈，反过来又能够进一步提升其推荐系统，从而构成极强的竞争壁垒。

二、推荐系统在金融领域的运用

推荐系统在金融领域的运用也遵循同样的逻辑。金融产品推荐和购物平台的物品推荐具有相似之处，而金融资讯服务和信息流推荐也有着密切关联。另外，很多金融机构在以信用卡业务为代表的消费金融方面，也需要根据客户需

求、偏好进行推荐。这就构成了推荐系统在金融领域运用的几种重要场景。

1. 投顾业务

投顾业务主要为客户提供基金产品、理财产品推荐。这是金融机构的传统业务之一，以前这类服务主要由客户经理、理财经理来提供。而基于人工智能算法构建推荐系统来提供服务的方式，也常常被称作"智能投顾"，推荐系统可以在线为客户提供类似的服务，在给定客户风险偏好、产品偏好等信息的情况下，为客户推荐最适合的金融产品，给出投资建议等。

2. 金融信息流

金融信息流类似于新闻信息流，理财类软件（尤其是证券交易类软件）可以为客户提供定制化的金融资讯信息流推送。相比于将所有金融新闻按照时间顺序推送给客户的方式，这样做可以为客户筛选最可能关心的信息，减少客户获取信息方面的时间损耗，同时提供精准化的信息推送从而增强客户黏性。例如，同花顺、东方财富等面向个人投资者的理财软件在这方面就采用了基于客户自选股、关注行业、关注频道等数据的信息流推送方式。

3. 其他服务

金融领域还有很多运用推荐系统的地方。如信用卡业务和第三方支付业务中，金融机构基于客户过去的消费等数据，为客户提供信用卡额外服务的推荐、相关商家的推荐，这类似于在生活服务类软件中所应用的推荐系统。

三、金融领域推荐的特性

需要注意的是，金融领域的推荐系统和互联网领域的推荐系统不完全一

第三章
人工智能 + 客户服务

致,这主要是由金融行业的以下特殊属性造成的。

1. 时效性

金融领域除了有对互联网公司实时计算、实时更新的要求之外,还对产品、信息的时效性有显著优先的考虑。这里所强调的实时指的是市场信息的实时,而互联网的实时往往指的是计算和更新的实时。例如,一个证券软件在推送新闻时,务必要推送最新的金融资讯,即使往期的新闻从数据上看更能引起客户关注,但从投资的角度来讲,往期新闻极少能够对当前投资行为给出指导,甚至会误导投资者,过往资讯虽然可能创造更高的点击量,但从长远来看很可能会对客户带来伤害。

2. 专业性

金融服务需要以专业性获得客户信任。服务于日常吃穿住行的传统互联网公司可以凭借某些"奶头乐"[①]信息获取客户注意力,从而提升客户黏性,并且不容易引起客户的反感,但金融机构服务于客户的资金运转,在增强客户黏性的同时需要呈现出极强的专业性,以信任促成转化,而非仅仅是让信息和客户"擦了下肩"。这是在构建推荐系统时需要着重强调的地方。极端地讲,假如给客户推荐过多耸人听闻但报道有失专业性的资讯,很可能会出现客户点击率提升,但使用金融服务频次下降的情况。

3. 合规性

金融服务需要考虑更多的合规问题。非金融互联网公司往往是满足客户吃喝玩乐的需求,合规问题涉及的主要是平台商家资质、商品真伪等情况,而金融机构则主要满足客户投资、避险等金融需求,其合规要求则严厉得多:是否

---

① 指令人沉迷的消遣娱乐和充满感官刺激的产品。

满足募集要求、是否存在误导、是否满足投资者偏好，等等。推荐系统必须要根据具体金融服务、金融产品设定相应满足合规条件的约束。

四、推荐系统与人工智能

（一）推荐系统整体框架

推荐系统所要完成的目标可以用一句话来概括：在特定场景下，为某个特定客户推送某个特定物品或一系列排序好的物品列表。这里所指的"物品"可以是具体的金融产品，也可以是金融资讯、资产配置观点等。在早期，大部分物品推荐采用的办法都是对所有客户提供相同的推荐，并不考虑特定客户、特定物品、特定场景之间的内在关联，但现在这种办法并不能很好满足客户的特定偏好和需求。在此基础上，逐渐衍生出了根据程序化规则、客户相似性，对不同客户群体推送不同物品的推荐方法。

随着人工智能技术的不断迭代，推荐系统能够给出更加定制化的推荐，推荐系统越来越依赖数据和算法驱动，需要从数据出发，将客户数据、物品数据、场景数据转变为各种各样的特征，再将这些特征统统放入算法模型之中，最后为客户输出一系列物品推荐——这也正是目前大型互联网公司所采用的推荐模式。这一流程的整体框架如图3-1所示。

推荐系统主要由特征工程和推荐算法核心模型两部分组成。数据通过特征工程变成推荐算法的输入，再经由算法模型的召回、排序，最终就能够得到针对特定客户的推荐结果。

简而言之，推荐系统通常需要先通过"召回层"，即使用简单规则或简单算法，从海量候选池中筛选出客户最可能感兴趣的物品（通常在百至千数量级），接着再通过排序层进行打分，选择得分最高的那些选项。

第三章
人工智能 + 客户服务

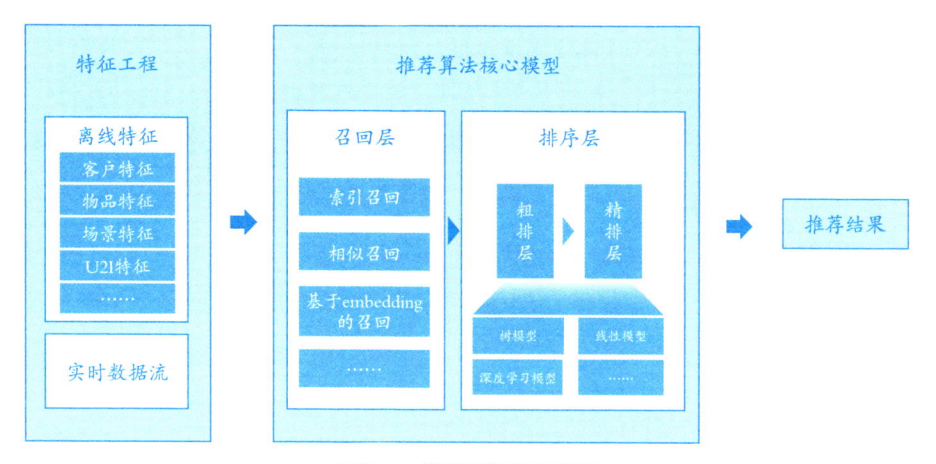

图3-1 推荐系统整体框架

特征工程

数据到特征的过程统称为"特征工程"。经过特征工程得到的多维度特征构成了推荐算法的核心输入。数据分析师和算法工程师能从数据中挖掘与客户兴趣、物品标签、场景信息等相关联的特征,这既依赖于金融产品、业务方面的经验,也需要对数据本身有足够的了解。

推荐算法核心模型

推荐算法核心模型部分通常由两部分组成:召回层、排序层。将推荐算法划分为两个层级而非一个整的模型,是综合考虑业务目标和实现难度的结果。从海量候选池(千万至亿数量级)中筛选出十至百数量级的物品列表,如果一步到位直接使用复杂模型,其计算难度非常之高,但如果仅使用简单规则筛选,则最终得出的排序列表又会相当粗糙。

（二）特征工程的人工智能解决方案

在进行模型训练之前，我们需要对数据进行加工。这样做是因为我们直接从业务场景中获得的数据往往是粗糙的、含信息量较低的，只有经过适当的筛选、处理和组合之后的数据才能用于模型训练。

例如，我们能从原始数据中获知客户年龄，但是直接将年龄值作为输入数据丢入模型中训练，效果可能并不理想，因为这样做至少存在以下两方面的问题：

（1）年龄数据可能并不真实，需要剔除异常值，或与其他信息交叉验证。

（2）划分年龄层比年龄值本身更有意义。20～30岁的年轻人可能具有类似的喜好和认知，按照年龄层给予客户标签，这种做法能够跟业务联系更为紧密。

传统的特征工程往往耗费了算法工程师大量的精力。通常算法工程师需要根据业务逻辑，从海量数据中挖掘可能有用的信息，处理数据异常的情况。在金融推荐领域中，主要处理的数据包括以下三方面。

客户数据

通常我们会通过客户数据，挖掘客户的身份特征、行为特征、兴趣特征。这些特征能够对于客户偏好有极好的预测性。例如，客户的风险偏好程度（身份特征），在金融领域的产品推荐中就至关重要。

第三章
人工智能＋客户服务

物品数据

在基金产品推荐中，物品指的是具体的某款基金产品。在信息流资讯的推荐中，物品指的是某篇新闻、某家企业发布的公告、某位分析师给出的报告等。对于基金产品，我们需要从基金持仓、投资风格等角度挖掘其特征；而对于文本数据，则需要使用自然语言技术（NLP）进行处理。

场景数据

场景数据指的是目前客户处在何种情景下。这里的情景包括：浏览的时间、浏览时的位置定位、浏览时的天气，等等。例如，在凌晨浏览资讯的客户可能更倾向于收到国际金融市场的相关新闻，这都是和场景数据息息相关的。另外，金融领域中，当日市场行情、市场情绪也是重要的场景数据。例如，在整体股市下挫和整体股市上涨时，给客户带来价值的产品和讯息是截然不同的。

随着以深度学习为代表的人工智能技术被越来越广泛地应用到推荐系统领域，我们有了更多在特征抽取这一阶段的解决方案。通过embedding[①]，我们可以将原始向量转变为稠密的、低维度向量，这样可以帮助我们更好地寻找相似物品和内容，如图3-2所示。

embedding方法在业界被广泛用于特征组合和压缩。embedding方法可以理解为是用连续的、低维度向量来表示某个对象（客户、物品、场景）的方法，

---

① embedding指向量映射，在深度学习中表示将高维数据嵌入或映射到低维空间的方法。

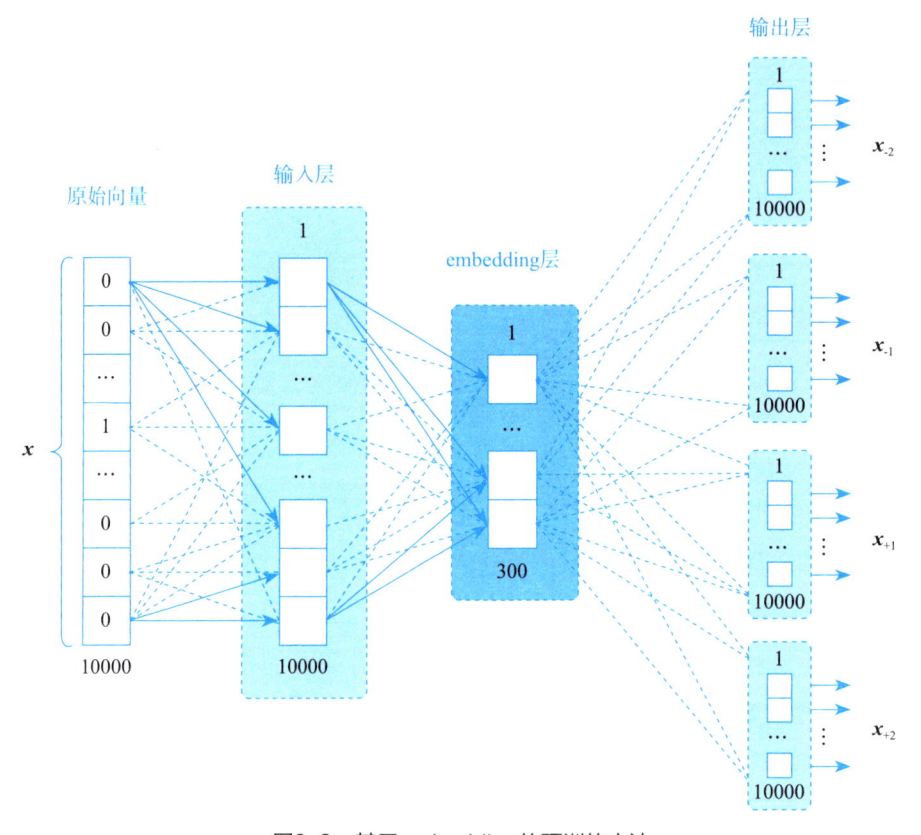

图3-2 基于embedding的预训练方法

而这个稠密的、低维度向量就可以当成是这一对象的特征。例如，我们可以用一个向量来表征客户的身份信息，或者表征待选物品的信息。这种方法最早被用于自然语言处理领域，解决将词、句子转化为向量表示的问题，渐渐地，这一方法从自然语言处理领域拓展到了其他领域。采用embedding方法的好处有以下几点。

（1）传统的方法得出的向量是相当稀疏的，这些稀疏的向量要么需要经过人工的特征筛选才能被放进模型中，要么就需要采用embedding的方式将向量转化为稠密的、低维度向量。

（2）采用embedding方法得到的物品或者客户向量后，可以通过计算向量

第三章
人工智能＋客户服务

之间的距离判断相似度，从而更好地寻找相似的物品或客户。例如，我们可以将上市公司进行embedding，从而能够让计算机捕捉到"贵州茅台"和"五粮液"很相似，而"贵州茅台"和"阿里巴巴"的关联则要小很多。

基于图结构的embedding方法（Graph embedding）是目前较为前沿的研究领域。基础的embedding方法基于序列，例如在文本处理中，一连串文字就可以看作是一个序列。但实际上绝大部分数据的关联并非以图结构存在，例如物品之间的关联，常常存在复杂的图谱结构，呈现出网状特征。引入Graph embedding更能刻画这种网状结构中的物品、客户特征。布莱恩（Bryan）等人最早于2014年提出的深度游走（DeepWalk）就是通过随机游走采样的方式，将图结构转化为序列结构，解决图结构中的embedding问题。2016年，斯坦福大学在DeepWalk的基础上又提出了Node2Vec算法，引入了采样权重的概念，从而刻画网络的同质性和结构性。阿里巴巴在淘宝中所使用的embedding方法也是加入了DeepWalk的思想作为改进，解决了大量物品缺乏数据的冷启动问题。

如图3-3所示，（a）图为图结构数据，通过基于图结构的embedding方法，可以将点映射到如（b）图所示的二维或多维空间中，从而以向量方式表示图

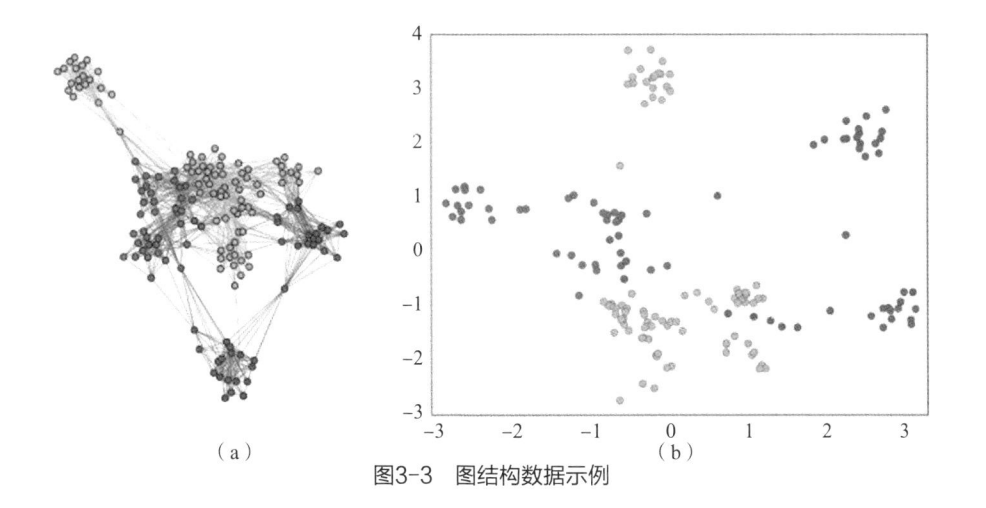

（a）　　（b）

图3-3　图结构数据示例

中的每一个点。

另外，其他的半监督学习、无监督学习方法也同样被应用在特征选取中。例如，我们可以通过聚类等无监督学习方式，划分客户簇和物品簇，并且根据客户簇和物品簇的分类构建特征标签。

总而言之，以embedding为代表的人工智能技术正逐渐成为特征工程过程中的"标准配置"。而伴随着embedding等其他方法的使用，特征工程和模型层面的深度学习也在不断融合，两者之间的界限也越来越模糊。从业务层面来看，embedding能够提高最终模型的预测准确率，并在许多业务场景中都被验证是行之有效的。embedding和传统的特征提取与筛选并非替代关系，而是互补关系。传统的特征提取能够找出那些特别显著、关键的变量特征，而embedding则能从大量的序列数据中挖掘潜在关联，将这两类特征合并在一起，从而构成了目前推荐系统特征工程的大多数解决方案。

（三）推荐算法核心模型的人工智能解决方案

在模型层面，我们需要解决的是在许多业务场景中都面临的两个问题：
（1）如何快速将候选推荐物品数量从几百万个缩减至几千个甚至几百个。
（2）如何对这几百个物品进行排序，判断客户会对其中哪些最感兴趣。

以上两个问题分别由推荐模型中的召回层和排序层进行处理。在召回层阶段，推荐系统将候选物品数量快速缩减至几百个，再通过排序层对这些物品进行排序。

1. 召回层

正如我们已经讨论过的那样，召回层需要对上百万甚至上亿级别的数据量进行实时计算、筛选和排序，因此很难使用复杂模型，往往使用较为简单的规则，比如我们可以采用这样的规则：关注了"外汇标签"的客户，则推送有关国际金融的新闻。基于标签的召回方法在数据层面通常可以采用倒排索引解决。

另外一种召回方法则是主要基于快速近似最近邻搜索。这一方法的核心是先将物品进行向量表示，接着根据最近邻搜索算法，给定任意向量即可找到与之相邻的一系列向量，从而获得物品列表。物品的向量表示可以基于embedding方法，而标准的最近邻搜索算法计算量太大，因此需要在牺牲一部分精确性的情况下采用更加快速的搜索方法。快速近似最近邻搜索目前大致有三种较为常见的做法：第一种是基于哈希计算，如局部敏感哈希算法（Locality Sensitive Hashing）；第二种是基于图索引，如使用近似KNN图索引的近邻搜索算法；第三种是基于矢量量化，如使用乘积量化（Product Quantization）的近邻搜索算法。这样的做法能够很快地将物品范围缩小至几千个甚至几百个，为召回问题提供了新的解决思路。这种召回方法已经被用在各大电商、信息流平台中，但目前在金融中的应用还非常有限。

2. 排序层

传统的推荐算法核心模型会根据相似度计算、协同过滤等方法，寻找客户最有可能关注的物品。而机器学习、深度学习在推荐系统中的运用，大大提升了推荐系统的能力，推荐算法工程师通过构建更加符合理论和业务场景的模型，确保推荐系统给出的预测准确率大幅提升。在不同业务场景中，推荐算法使用的模型结构都各不相同，但在模型设计时几乎都会从两方面进行考虑：

第一，模型深度如何选择。"深而窄"的模型通常记忆能力较差，但泛化能力较强；"浅而宽"的模型通常有较好的记忆能力，但缺乏泛化能力。如何平衡这两方面的得失，是模型设计时必须考虑的问题。

谷歌在2016年提出的Wide & Deep模型，给出了深度学习在推荐系统中的应用方案，并且这种方法被广泛地运用在了业界各个领域之中。Wide & Deep模型由两个关键部分组成：Wide部分和Deep部分。Wide部分的模型层直接使用线性模型或者逻辑线性回归，这类模型复杂度不高，具备较好的信息记忆能力（Memorization）；而Deep部分的模型层由神经网络构成，通过特征之间的交叉、多层隐藏层的模型训练，能够拟合较为复杂的数据特征，具备较好的模型泛化能力（Generalization）。Wide & Deep模型正是将这两个部分结合在一起，从而兼具记忆和泛化能力，如图3-4所示。

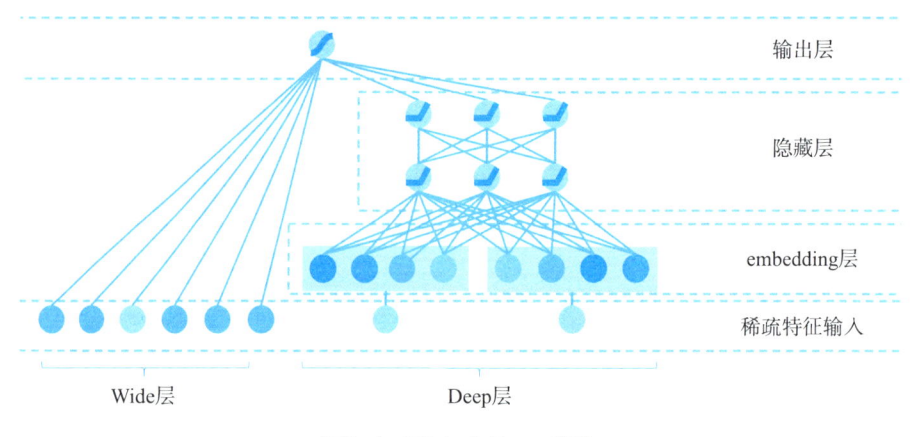

图3-4 Wide & Deep模型

模型左侧为Wide层，捕捉线性特征，具备较好的信息记忆能力；右侧为Deep层，捕捉复杂的非线性特征，具备较好的模型泛化能力。

第二，快速捕捉客户偏好的变化。客户的偏好并非一成不变，而是随着购买产品、阅读信息不断发生改变的。例如，某客户反复浏览、比较了多款货币基金，但在已经购买了某款货币基金之后，其偏好很可能转移至股票型基金、债券型基金等其他资产配置，这时如果仅仅根据最近的浏览记录还是不断推荐货币型基金产品，就并不一定能带给客户太大价值。

阿里巴巴于2019年推出的深度兴趣进化网络（Deep Interest Evolution Network，简称DIEN），是基于客户兴趣和偏好迁移的推荐模型。这一模型主要从阿里巴巴的电商业务出发建立，通过结合兴趣演化层、兴趣提取层、客户

第三章
人工智能＋客户服务

行为层分别抽取出的特征，捕捉客户偏好的迁移路径。这一思路对金融领域的推荐模型也极具参考意义。

除此之外，基于深度强化学习的推荐系统也是学术界和业界的研究热点之一。这种方法将推荐系统当成一个"机器人"，采用深度神经网络来训练机器人的推荐能力。对于推荐系统给出的推荐结果，客户的反应（点击或者不点击）就对应着训练过程中的正反馈和负反馈。通过给予反馈的方式，机器人能够调整推荐的策略，不断趋向获得正反馈，从而让推荐系统更加"智能化"地给出推荐结果。

推荐系统提供的"千人千面"能够给客户带来相比于传统金融服务更加定制化的体验，目前已经在互联网领域取得了相当不错的效果。但在金融领域，其技术解决方案还处于初级阶段。有很多推荐系统实际上还停留在规则型的推荐，例如直接根据客户标签和物品标签进行匹配并给出推荐。造成这样的差异有两个原因：

第一，数据量和可解释性方面的差异。一方面，金融产品、金融资讯相比互联网的电商产品、新闻信息流，从数据量上讲要低几个数量级，因此在很多时候不需要互联网推荐中所提出的较为复杂的解决方案。另一方面，金融从合规和风控的角度更强调可解释性，因此不能带来重大业务价值，却反而导致更多不可解释和不稳定性的推荐算法都很难在金融领域真正落地。

第二，消费和投资是完全不一样的行为。客户购买商品获得快乐，这是出于消费的渴望；而在考虑投资时，客户并非为了购买而购买，而是为了获得收益。因此，从长远来讲，点击率、购买率并不决定客户的留存，真正的关键点在于投资者收益。金融公司需要找到既能够提升点击率、购买率等运营指标的方案，同时又要能够真实提升客户收益。客户不是为了买而买，而是为了获得收益而买，这是互联网领域的推荐难以直接落地到金融领域的原因。

我们将从智能投顾和金融信息流推送两个案例出发，进一步探究这些金融的业务场景关注的是什么，而推荐又在其中扮演了何种角色。

五、案例：智能投顾的产品推荐是如何运行的

（一）概述

在传统金融领域，投资顾问业务（简称投顾业务）一直都是财富管理的重要组成部分。而所谓的智能投顾，其实就是在过去的投顾业务基础上，基于新的智能技术衍生出的新形态。传统的投顾业务由理财师或者经纪人主导，将各式各样的金融产品推荐给客户；而智能投顾则尝试运用大数据、人工智能等方法，为客户自动化地提供私人定制的产品服务。目前国内已经有不少传统金融机构正在开展此类业务，例如招商银行的摩羯智投。① 而非传统金融领域的互联网巨头也正在加入，如京东数科推出的京东智投，如图3-5所示。

图3-5 招商摩羯智投、京东智投平台的智能投顾业务

---

① 招商银行、工商银行旗下智能投顾将于2022年6月30日起不再提供服务，持仓客户的存量资金将升级为持有单只成分基金产品。

第三章
人工智能 + 客户服务

智能投顾想要解决的核心需求可以归结为两类：

1. 智能的资产配置推荐

资产配置推荐是智能投顾最核心的部分：推荐何种金融产品？以怎样的比例配置？这就是智能投顾业务应该关注的重点。

和上面提到较为复杂的推荐系统不同的是，这里涉及的产品推荐不需要太复杂的模型计算，因为它基于的推荐逻辑并不一样。金融产品（如基金、银行理财）数量少，不需要通过召回、粗排、精排等多层筛选，直接基于客户风险偏好、过去持仓等信息就可以将适合的推荐锁定在少数几个产品上。而另一方面，金融产品推荐更加注重精细化运营，需要基于细致的基金画像和客户画像，给出充足的推荐理由，强调精准匹配，而非泛泛浏览。智能投顾所给出的推荐产品和持仓比例信息，都需要基于金融学知识、风险承受能力等信息。

从业务形态上讲，目前投顾可以分为半委托投顾和全委托投顾。半委托投顾指的是投顾服务以建议的形式给出，具体操作仍然由客户全权决定；全委托投顾则是将投资指令下达的权限部分授予金融机构，机构有权限改变客户的持仓，如进行资产组合再平衡等操作，因此全委托投顾更加接近"委托理财"。全委托投顾业务带来的想象空间是巨大的，一旦连接客户服务的渠道方有权利做出调仓的动作，某种程度上就弱化了资管方和渠道方的界限。

2. 智能顾问咨询

传统投顾需要在投前、投中、投后都保持与客户沟通的流畅性，给客户呈现的不仅仅是金融产品本身，还包括为客户提供有价值的金融服务。智能投顾想要从传统投顾之中分得一杯羹，甚至对传统投顾有颠覆式的改变，则需要提供类似的金融服务，包括但不限于：

（1）客户购买基金产品或理财产品时，详细告知客户可能出现的风险和收益。

（2）收益出现波动时，向客户解释波动的原因，防止出现不理性行为。

（3）客户因为不理性因素干扰而导致申购赎回时，对客户进行正确引导。

（4）客户对金融产品存在误解时，能够清晰解释并消除误解。

（5）提升客户的投资意识，引导建立正确的投资观念。

智能投顾的"顾问"部分需要精细化运作，才能更加有效地和客户建立信任。目前市面上的智能投顾在这部分都采用文字版"常见问题（Q&A）"和人工理财顾问结合的方式进行，还没有真正引入太多智能化。

（二）发展现状

从目前国内的发展看，智能投顾还只是处于起步阶段。其中算法推荐的部分，也同样处于起步阶段。展望未来，智能投顾还是颇具前景的。

（1）随着多层次的金融市场逐步建立，金融产品不断丰富，针对金融产品而形成的推荐系统会受到越来越多的重视，并且这方面的竞争具有极强的先发优势。它既包括互联网推荐系统中使用机器学习、深度学习技术而搭建的推荐模型，同样也会遵循金融领域特有的、基于金融学模型、精细化匹配的推荐逻辑。

（2）一些投资者缺乏投资的专业知识，这既是挑战，也是机遇。目前国内的理财产品过分依赖保本保息，使得真正基于风险偏好的投顾模式无法展开。智能投顾的核心竞争力在于能够以几乎零边际成本为客户提供个人定制化的投顾服务，因此建立起良性的、长期的信任关系才是最大的"护城河"，而不应形成只管收佣金的"一锤子买卖"。因此，智能投顾不能只关心"智能化"这一点，需要将技术创新和产品创新紧密结合，通过好的产品设计比如"工资理财"，提升投资者对风险的理性认知，让客户长期留在市场上，避免追涨杀跌，真正让客户分享长期增长所带来的收益。

（3）对企业尤其是互联网巨头来说，合规和牌照仍然是智能投顾发展过程中的关键。智能投顾最开始是探索性的,是"摸着石头过河"的模式,但随着智能投顾行业逐渐成形,并实质性地成长为一项重要金融业务之后,必然伴随着监管机构的介入。智能投顾自然而然也和传统投顾一样,必须置于监管层的视野之内。投顾业务的开展至少需要投顾牌照、基金代销牌照等,更重要的是,智能投顾的"顾问"和委托理财的"委托"之间的区别,很大程度上仍然取决于监管层的判断。

六、案例:金融信息流推荐

(一)推荐概述

金融信息流推荐系统需要从海量的新闻数据中生成、筛选出对客户决策最有帮助的新闻,甚至为客户的投资行为给出一定的指导。这包括两个层面。

1. 基于金融市场信息的智能分析

和传统信息流不同的是,金融信息流不仅需要给客户提供信息,常常还需要给出相应的分析和点评。例如,针对金融市场行情的推送,客户不仅想知道市场大涨还是大跌,同时还期待知道更多关于"为什么"和"怎么做"的信息:为什么市场午后突然走高?是否应该继续追涨?

金融服务商的传统办法是对信息进行人工分析,依靠编辑和分析师撰写相关的评论和分析。而在当下,我们可以使用模板或者语义生成技术,从数据出发,智能生成相关的资讯推送。这样做的好处是,针对某些常规化的分析(针对公司财报中财务指标的解读、分析师的评级汇总、市场资金流向等),采用这样的智能化推送能够有效节省人力成本,并且能够实现分析和点评的实时推送——这需要将自然语言处理技术和金融模型相结合。

2. 基于推荐系统的智能推送

根据已有的各种资讯信息、评论、新闻等，给客户提供"千人千面"的推荐服务。一些离客户端较近的金融服务商目前就正在尝试这样的推荐系统，例如，同花顺、东方财富等，如图3-6所示。

在真正构建推荐系统时，除了数据和算法模型以外，还需要注意整体的工程实现和系统迭代。

（1）冷启动：在最初搭建推荐系统时，算法工程师很可能面临的情况是并没有足够的客户数据用于模型训练。在这一阶段，我们可以根据某些规则进行推荐。例如，系统可以按照客户关注的账号、股票、标签，为客户推送相关内容。

（2）提升结果多样性，挖掘客户新的关注点。

（3）人工和算法各有所长——人工运营更长于新闻价值的判断（尤其是情

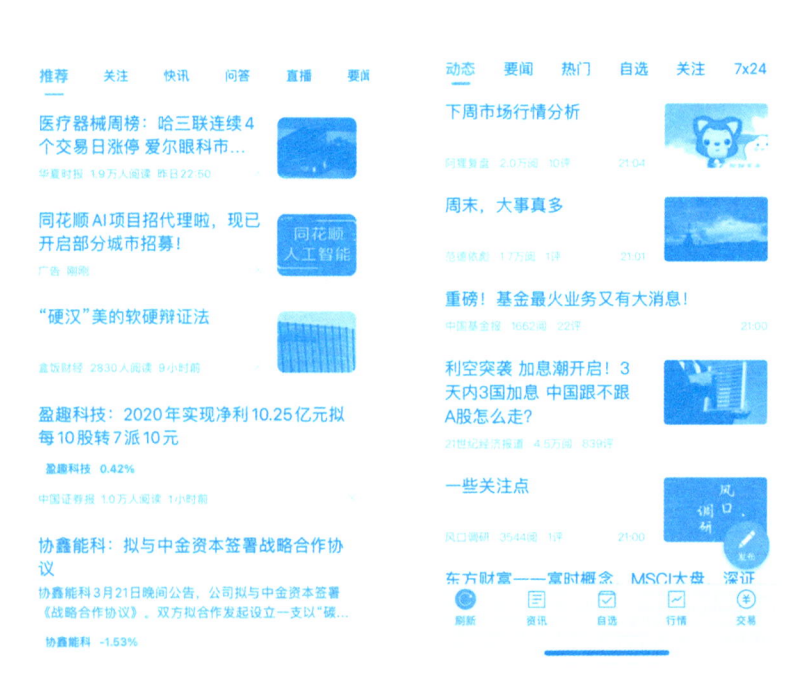

图3-6　同花顺和东方财富根据客户关注进行推送

感判断），对热点的预测以及对突发事件的响应。

（4）从工程角度考虑性价比，需要权衡模型、算力、数据等各维度的问题，例如在轻量级模型和复杂模型之间，算法工程师不仅要考虑准确率，还要考虑客户体验、实际工程难度，这需要在设计推荐系统时从算法和系统两个角度同时考虑，协同设计。

（二）未来前景

目前的金融信息流推荐还处在少数金融服务商尝试的阶段，其未来的发展有三方面非常值得关注。

（1）从业务的角度来看，推荐流的设置还需要更加深度理解客户需求。客户关注金融信息的核心驱动力是获取收益，如何真正为客户创造收益，避免客户的追涨杀跌行为，让客户建立对整体市场的深入理解，这些问题是需要在构建信息流推荐系统中加以考虑的。

（2）从技术角度看，自然语言处理的应用相当广泛，并且将会成为金融信息流推荐的关键技术之一。例如，我们在推荐系统中需要利用自然语言处理技术快速定位资讯的标签。互联网常用的推荐逻辑是将某条新产品、资讯先根据算法预测分发给最可能感兴趣的那部分人，然后根据这部分人的点击来决定是否继续推送给更大范围的人。但在金融领域，如果按照这种信息分发方式将会导致资讯的过度延时，而这对于客户的信息获知是非常不利的。因此，在构建金融信息流推荐时，需要较多利用自然语言处理技术对文本信息进行识别，根据识别的标签（新闻类别、新闻重要性等）进行即时推送。

（3）隐私保护与算法合规将会成为重要课题。个性化推荐不免会使用到客户的画像特征、浏览行为特征等，存在侵犯隐私的可能性，在金融场景下尤为敏感。此前《互联网信息服务算法推荐管理规定》第十六条明确提出："算法推荐服务提供者应当以显著方式告知用户其提供算法推荐服务的情况，并以适

当方式公示算法推荐服务的基本原理、目的意图和主要运行机制等。"因此，综合运用各种技术，注重保护客户隐私，提供可解释的算法推荐，将会成为未来算法发展的重要方向。

第三节 智能问答：让服务智能化

一、问答系统的价值

"苹果公司（Apple Inc）的最新股价是多少？"

这是一个简单的问题。我们可以在任何一款股票软件（只要软件支持美股行情查询），输入苹果或者"APPL"，就能获知最新的苹果公司股票价格。当然，现在我们有更简单的方法——使用苹果公司自己开发的语言助手Siri，依赖其集成的问答系统就能获得答案。当你向Siri提出"苹果公司的最新股价是多少"，Siri给出的答案是"Apple公司今天上涨1.54%，收盘价110.44美元"。

Siri给出的回答至少说明，它理解了你问的对象是"苹果公司的股价"，而且也理解"最新"的意思就是"最近一天"。最关键的是，它给出的答案的确是精准的。但是，当你继续追问"那么接下来几天的表现可能会怎样呢"，Siri给出的答案就不那么令人满意了。它似乎没有听懂我的意思，只是在简单地重复刚才给出苹果公司股价的当日表现，反复说"今天的收盘价110.44美元"。

第三章
人工智能 + 客户服务

（一）问答系统的关键点

当使用问答系统的时候，我们实际上希望问答系统代替传统的"检索"和"过滤"功能。传统的检索——无论是在数据库寻找、使用浏览器、查阅资料、还是打开某个软件在菜单中点击，首先我们需要清楚自己要找的是什么，并把我们的问句用相对简化的方式表述为机器容易捕捉的关键词，其次我们需要判断检索出的内容是否是正确的、有用的。问答系统和传统检索不一样的地方核心就在于这两处：

（1）问答系统的查询是通过类似"交流"的形式完成的。例如我们可以问"财政刺激对经济会产生什么样的影响"，并且可以继续追问"那么哪些公司受到的影响会最大"。这也就是说，我们希望在和问答系统的交互过程中，自己能够按照人类的表达方式说出信息，而问答系统能够将其自动转化成机器的查询语句。

（2）回传的答案是高精准度的关联信息或明确回答。传统的搜索引擎通常只会给出一系列网页供参考，接下来仍然需要人们自行判断哪些内容是有用的。而问答系统能够为我们提供更为标准的回答。例如当询问"美国2019年的国内生产总值（GDP）是多少"，问答系统能够直接给出"21.43万亿美元"的回答（事实上，谷歌针对类似这样的问题，就已经能够给出标准答案，如图3-7所示，但这个问题放在百度和必应中进行检索，无法获得和谷歌一样的效果）。

像人和人之间的交流一样，问答系统也有各种形式。我们有些日常交流是闲聊性质的，并不需要获得某些特定信息；也有一些交流则是需要针对性地了解特定知识。对应到问答系统领域，这两种类型的交流可以分别对应开放领域的闲聊型问答与特定领域的专业型问答。开放领域的问答系统，并不关注针对性回答某些专业领域的问题，而是探究如何能够让问答系统以更加自然、符合人类的直观感知的对话和人进行交流。例如，一些闲聊机器人，或者主打为人类提供陪伴的聊天机器人，这类产品关注的就是开放领域的闲聊型问答。而特

图3-7 在Google搜索"GDP of United States in 2019 is"所得到的回答

定领域的专业型问答则针对性地解答某一领域的问题，如保险、医疗、法律等特定专业领域的问答系统，这类问答系统是为了解决特定领域的专业知识而出现的。

当然，开发领域与特定领域的区分也不是完全绝对的。市面上有很多成熟产品，都需要开放领域问答和特定领域问答的融合。以苹果公司开发的Siri为例，它能够对客户提出的关于天气、位置、路线规划等问题给出答案，这就需要特定领域的专业型问答；同时能够对客户的聊天给出随机的回应，这就是基于开放领域的闲聊型问答。类似的问答系统还有亚马逊的Echo、小米的小爱机器人，等等。

（二）金融领域中的问答系统

回到我们关注的金融领域。金融领域需要什么样的问答系统？或者说，我们需要问答系统在金融领域提供什么样的价值？要回答这些问题，我们就必须要回到金融的业务场景中：

第三章
人工智能 + 客户服务

> 客户拨打客服电话，询问如何开户，并且在客服人员的指导下完成操作。

> 客户咨询应该投保哪类保险，希望针对自身具体情况定制服务，需要咨询专门的意见。

> 客户在柜台办理业务时，需要大堂经理对其进行指导，明确需求，并转交给对应的柜台工作人员。

> 客户需要了解目前股票市场上的行情，需要机构给出专业的信息辅助判断。

> ……

在这些场景中，问答系统都能够为客户提供某些特定服务。这种服务可以是传统客服的替代，也可以是过去专业人士提供的金融服务的衍生或补充。但无论是哪种形式，这里的问答系统都是特定领域的专业型问答。金融领域的问答系统对容错率的要求很低，例如，为客户提供业务办理，肯定不能容忍业务办理的流程不规范，问答系统更不能出现"说胡话"的问题。同时，这些领域的问答通常对专业领域知识有极强的要求，必须能够针对性地解决问题。

问答系统不仅限于回答客户的问题。除了客户的问题之外，问答系统也可以用于内部培训，例如在针对保险代理人的培训中，可以把问答系统当作虚拟的客户。保险代理人和问答系统进行交流，问答系统根据保险代理人的回答给

出分数，训练保险代理人的专业能力、沟通能力等。在营销环节，金融机构可以打造基于问答的对话系统，以更低成本的方式进行营销推广。

运用问答系统赋能传统业务，其价值体现在如下两个方面：

（1）减少成本。从公司角度看，问答系统如果能够有效降低客户运营成本，那么它就具备落地的基本潜力。例如，金融机构已经开始广泛使用人工智能客服协助或者代替传统坐席，使客户服务的效率提升。

（2）提供专家服务。专家服务在过去通常只能向少数人提供，但如果金融机构能够把专家知识转化为知识库，客户可以通过问答系统体验这类服务，那么就能为客户创造额外的附加价值。对于人类来说，很多专家知识是很难习得和记忆的，培养一名专家的成本也相当高。使用计算机的优势在于"记忆"对于计算机来说非常简单，并且复制成本几乎为零，还能够不断迭代更新。例如，针对客户在购买基金、股票、债券等投资产品时需要的专家服务，就能够以问答形式提供。

如图3-8所示，按照问答系统的知识复杂度和所需关系信赖度，各类应用场景情况各有不同。

图3-8 各类应用场景的知识复杂度和所需关系信赖度

第三章
人工智能 + 客户服务

二、问答系统的构建

专业领域的问答,可以基于知识库(Knowledge base),也可以基于信息抽取(Information Extraction)构建。知识库的基本逻辑是,先将各种各样的文本、图片、数字等信息转化为结构化信息,并且通过各种技术手段去重、消歧、对齐,保证结构化信息的准确性。当客户提出问题时,在结构化信息中查询答案、进行简单汇总即可。信息抽取的逻辑是,当有一个问题时,我们按照这个问题,去过往的资料里面查找最可能相关的信息,最终将某段最可能的答案抽取出来,作为回答。

基于知识库的方法和基于信息抽取的方法各有优劣。基于知识库的方法的领域覆盖程度可能不高,而对于那些知识库未曾覆盖到的问题就无能为力;而信息抽取的好处在于可以直接从各种信息中选择可能最相关的内容。大部分搜索引擎就可以理解为是基于信息抽取的做法。这种做法覆盖度相较知识库更广,但缺点是准确程度通常不如知识库高。

正如我们已经强调的那样,金融领域的问答对容错率的要求很高,因此需要基于知识库构建问答。信息抽取的方案虽然能够有较好的覆盖度,但是一个错误的回答可能比不回答造成的后果更加严重,所以通常不是问答系统构建的方案。

基于知识库的问答思路,其基本模块由以下三部分组成(具体如图3-9所示):

(1)数据结构化与知识图谱。从新闻、报告等各种信息中抽取知识,并采用技术手段如实体融合、知识对齐等,将不规则的信息转化为结构化信息。

(2)客户意图识别。当客户提出某个问题时,问答系统需要先识别客户意图,将客户意图转化为数据库查询语句。

(3)回答生成。从构建出的数据库中查询客户需要的信息,并进行必要的整合和推理,最终形成呈现给客户的回答。

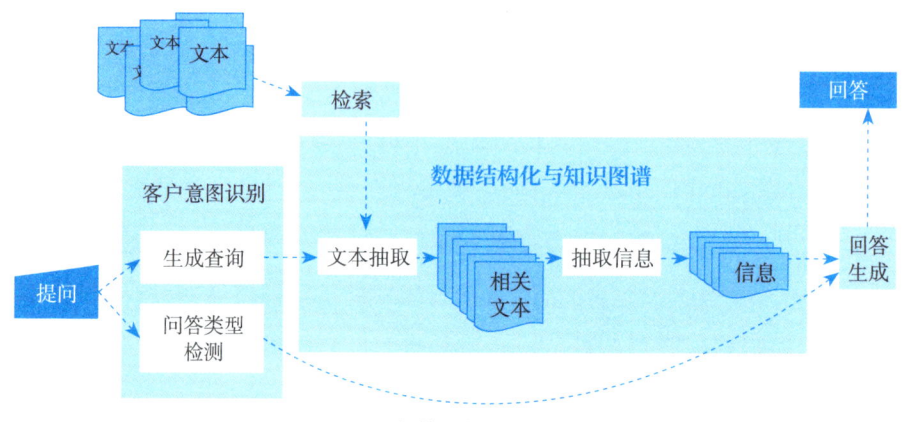

图3-9　问答系统的整体框架

（一）数据结构化与知识图谱

在金融领域已经有大量结构化的信息，如客户信息数据、市场行情数据、金融产品信息等。这些已经结构化的数据可以直接用于查询。例如，当客户询问：我现在能购买10000元的某理财产品吗？只需要判断清楚客户意图是"查询额度"，然后根据数据库查询某理财产品的剩余额度和目前客户账户余额是否大于10000元，即可回答客户问题。

在很多情况下，客户的问题不止这么简单。客户可能会问"最近军工板块有哪些利好新闻"，这个问题就比较难回答了。从客户意图中，我们能够判断其需要获得的是"新闻"，并且限定的范围是"最近""军工"以及"利好"。想要从数据库中根据客户意图检索出新闻，将这些新闻有条理地呈现出来，我们就需要建立金融方面的舆情库，并且在此基础上建立知识图谱。

知识图谱其整体构建思路大致如图3-10所示，对于半结构化数据或者非结构化数据，首先，我们需要做的就是将这些数据转化为结构化数据。这是整个知识图谱中最关键的一步；其次，我们需要关注不同数据源的整合，将数据对齐，完成数据标准化；最后，当我们已经形成了知识图谱的框架后，需要根据新数据，对已有的知识图谱进行更新迭代。

第三章
人工智能 + 客户服务

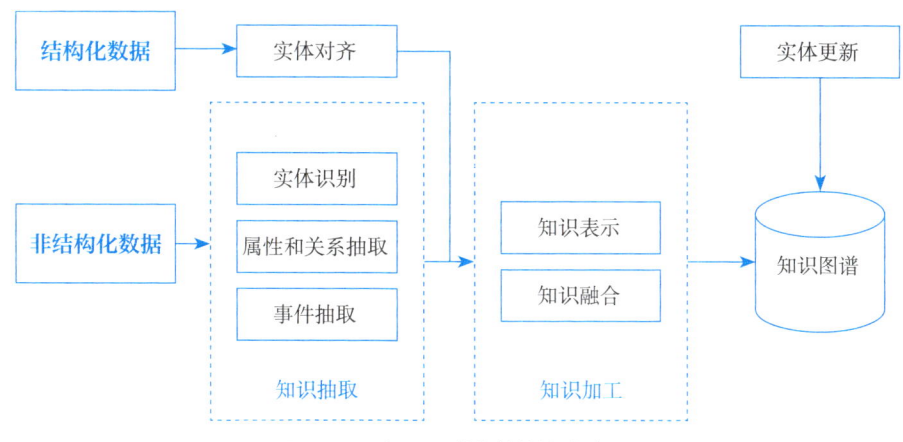

图3-10 知识图谱的整体构建流程

在具体实现每个步骤时，知识图谱涉及的技术实际上是非常繁多的，具体应用中所采用的方法也各有千秋，在这里我们仅简要介绍其关键技术以供参考。

1. 知识抽取

在知识抽取环节，最关键的就是识别实体，并围绕识别出的实体寻找属性和实体间关联。最终，将各种信息汇聚起来，形成三元组或其他结构化数据。

（1）实体识别。知识图谱就是围绕"实体"构建的（如图3-11所示，图中展示了银行降准相关事件传导关系的知识图谱）。我们可以把知识图谱想象成一个巨大的网络，这个网络中各种节点分别代表了不同的元素，有的节点可能代表公司，有的节点可能代表某个人，有的节点代表的是政府机构或者地点信息……每个节点分别具有某些独有的特征，而节点和节点之间也具有某种联系。例如，"中国平安"是一家公司实体，在知识图谱中我们为这个公司标注了其注册资金、净利润、股票价格等信息。另外它和其他公司存在交易关联或者控股关联，它和地名实体"深圳"也通过"注册地"这一关系连接在了一起。在这个网络中，每一个节点就称之为"实体"，而它的特征就叫"属性"，

图3-11 知识图谱示例

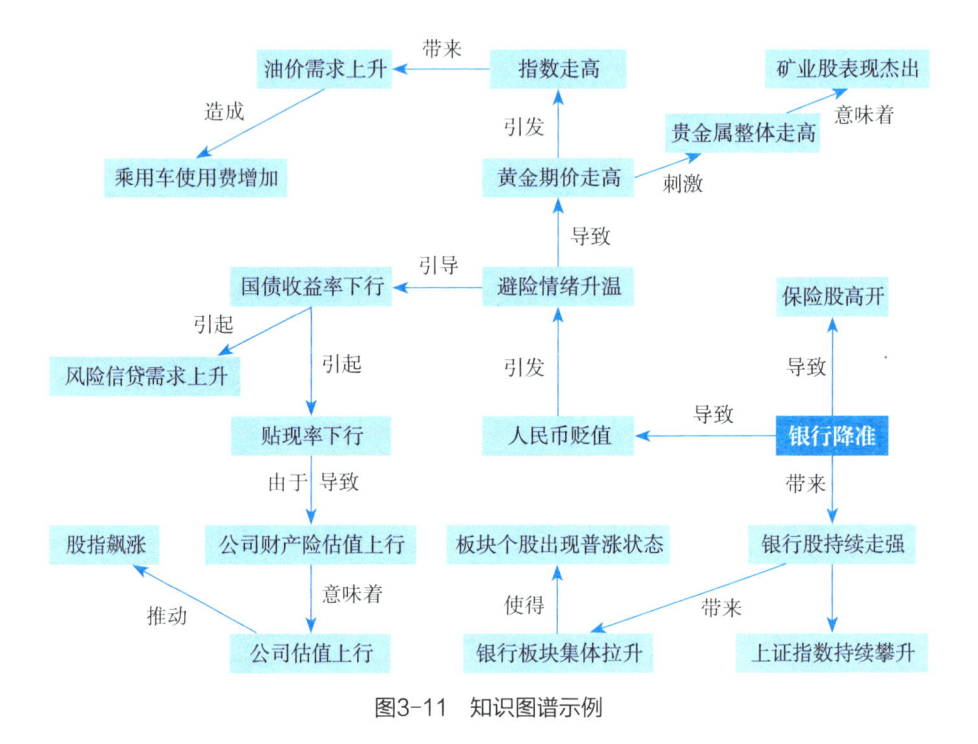

实体和实体之间的联系就叫"关系"。

知识图谱中的数据一部分来自已经结构化的数据，还有一部分来自非结构化或者半结构化数据。如何从非结构化数据中挖掘我们所需要的"实体—属性—关系"，我们最为关心的，最基础也最关键的步骤就是实体识别。

命名实体识别（Named Entity Recognition，NER）是从一系列文本中自动识别、抽取实体信息。原始数据可能是这样一段文本：

欧盟委员会5日发布秋季经济展望报告，预计2020年欧元区经济和欧盟经济分别萎缩7.8%和7.4%。

"欧盟委员会"就是一个实体，我们希望找到它，并把它标记为"政府机构"。"5日"是时间实体，"欧元区经济"和"欧盟经济"也分别是两个实体。我们希望使用一定方法将这段文字中各类实体都抽取出来，并进行标记：

第三章

人工智能 + 客户服务

欧盟委员会［机构—政府机构］5日［时间］发布秋季经济展望报告［报告—经济报告］，预计2020年欧元区经济［宏观经济体—欧洲］和欧盟经济［宏观经济体—欧洲］分别萎缩7.8%和7.4%。

通过实体识别，我们能够初步将文本转化为可以结构化的信息。要实现这一目标，通常我们会采用如下方法：

1）基于规则判断或词库匹配。规则或模板判断的方式是最直观的方式。例如，只要包含"公司"的词语就可以统统被算作是公司实体。在某些特定领域、特定类型的文本中，这类方法虽然简单但也非常有效。基于规则判断的抽取方式需要算法专家和业务专家结合，针对特定文本编写大量规则。

词库匹配的方式和规则十分类似。基于已经有的数据库，例如已有上市公司列表，我们就可以直接将词库用于文本匹配，对于任何命中的文本，就标记上对应的实体类别。在项目冷启动时，这两种方式能够快速落地，让整体业务流程快速跑通，但其缺点也非常明显：规则和模板难以拓展，词库也只包含存量信息，有大量的实体难以通过简单规则和已有词库进行判断。

2）基于机器学习或深度学习方法。目前，监督学习在实体识别中有相当广泛的运用，并且获得了相当不错的效果。例如，使用双向LSTM和条件随机场结合（BiLSTM+CRF）的方式，基于标注数据进行模型训练，在诸多实体识别任务中获得优异表现。随着预测语言模型（BERT）、生成式预训练（GPT）系列模型的出现，有许多在这类模型基础上针对实体识别任务进行微调或者模型改进（如BERT+CRF）的方法也取得了不错的效果，并且这种方式对标注数据的需求量更小。

有很多半监督学习、迁移学习等方法也被运用到了实体识别中。例如，基于已有的词库进行匹配，获得一定标注数据后进行模型训练或模型微调，再用训练出的模型进行实体识别，补充已有的词库……以此循环迭代，确保使用少量词库就能够完成大规模语料的实体识别。

值得一提的是，在实体识别中通常还需要完成"实体消歧"和"指代消解"的子任务。实体消歧解决的是同样的词可能对应了不同实体含义的问题。例如有这样一段文本：

今年，由于种种原因导致苹果原本应在秋季发布会上推出的iPhone 12延迟了，至于具体原因和发布时间，苹果也并未透露任何消息。

"苹果"可能指代"苹果公司"，也可能指代"苹果商品期货"，也可能代表显示生活中的"水果苹果"。在这段文本中，我们希望模型能够将"苹果"识别为"苹果公司"而不是其他有歧义的实体。

指代消解处理的是多个指称指向同一个词的问题。考虑如下的一段文本：

11月6日，快手提交赴港上市招股书。截至2020年年中，公司日活用户达到3.02亿人次，电商交易额高达1096亿元。

文本中的"快手"和"公司"实际上都指代的是同一个词。我们希望模型能够将这两个词都指向同一个"快手（公司）"实体。

在处理实体消歧与指代消解时，我们可以基于判断相似性、结合聚类模型的方法，也可以使用语义依存分析处理文本歧义。另外，结合知识表示的方法，通过对不同实体进行向量化表示，我们也能计算某个词语离哪类实体的距离最近。此外，目前也有研究采用端到端的方法进行模型训练，将实体消歧和指代消解转化为分类问题进行解决。

（2）属性和关系抽取。在完成实体抽取之后，我们还需要建立实体与属性，实体与实体之间的关联。回到上述例子：

欧盟委员会［政府机构］5日［时间］发布秋季经济展望报告［报告—经济报告］，预计2020年欧元区经济［宏观经济体—欧洲］和欧盟经济［宏观经济体—欧洲］分别萎缩7.8%和7.4%。

第三章
人工智能 + 客户服务

我们最终期待从文本中提取出的是见表3-1，表3-2的结构化数据（一般称这种结构化数据为三元组）。

表 3-1　实体属性表

实体	属性类别	属性名
秋季经济展望报告	public_date（出版日期）	2020年11月5日
欧元区经济	predict_change（预期变化）	−7.8%
欧盟经济	predict_change（预期变化）	−7.4%

表 3-2　实体关系表

实体	关系	实体
欧盟委员会	发布	秋季经济展望报告
欧盟委员会	预测	欧元区经济
欧盟委员会	预测	欧盟经济

1）基于语义依存分析。语义依存分析指的是根据句子各元素之间的语义关联，将语义关联以依存结构呈现。根据实体的词性以及词性之间的关系，我们可以判断实体与实体、实体与属性之间的关系。

根据语义依存分析，我们可以设定某些筛选规则，保留我们关心的某种类型的关系，这样就能初步将文本转化为上表中所示的三元组。

2）结合机器学习或深度学习方法。在属性和关系抽取中，机器学习和深度学习方法的运用越来越多。在进行语义依存分析时，我们可以引入监督学习，在传统依存分析的基础上进行预测和调整，形成优化的语法依存树。这样的方法可以让三元组的判断更加精准，从而提升复杂文本中的表现。一些研究也将半马尔可夫链引入属性和关系抽取中，将实体抽取和实体关系抽取进行联合编码。另外，联合学习方法也经常被用于关系抽取中，这种方法并不是将实体识别和关

系抽取割裂开来，而是将实体识别和关系抽取放在同一模型框架下进行训练，从而实现两种任务中模型互相增强。

（3）事件抽取。由实体、属性和关系抽取衍生出的事件抽取，在判断新闻事件方面有额外重要的作用。金融领域关注发生的大事件，并且希望对事件进行汇总、分析、寻找联系。因此，基于事件抽取衍生出的事件图谱也备受重视（这可以看成是知识图谱的一个特例）。

事件抽取和已经介绍过的实体抽取、关系抽取没有本质的不同。事件抽取关注两方面，一是如何找到事件，并判断事件类型，这通常需要根据触发词或者触发规则；二是如何寻找事件相关的信息，并抽取成结构化数据，例如事件发生的时间、原因、发起方等。例如，金融领域经常关注"降息"事件：

2020年11月3日，澳大利亚储备银行（后简称"澳洲联储"）如期降息15个基点，现金利率降至0.1%，外汇结算余额的利率降低到零，预期未来至少3年内不会加息。同时澳洲联储宣布1000亿澳元的量化宽松计划，必要时可能推出更多举措。

根据触发词"降息"，我们可以将这一新闻描述的事件归结为"央行降息"。利用实体识别和关系识别，最终能够将新闻转化为结构化数据：

事件：央行降息

发起主体：澳洲联储

时间：2020年11月3日

幅度：15bp

预期：未来至少3年内不会加息

事件抽取还有许多值得探索的地方，包括如何提高抽取精度，如何在开放领域进行事件抽取等。除了用于构建问答系统之外，在之后的章节里，我们还将介绍事件图谱在投资领域的运用。

第三章
人工智能 + 客户服务

2. 知识加工

从非结构化数据中完成实体抽取、关系抽取之后，理论上讲就已经完成了知识图谱的构建。但是在实际运用中，通常还需要对抽取出的结构化数据进行加工，这主要是出于两方面的考虑：

第一，知识表示。数据虽然已经结构化，但还是有大量信息是以文字形式存在的。这不便于计算机进行计算，例如在判断两个实体之间是否还可能存在隐藏的、没有被挖掘的关联时，文字不能提供太多信息。因此，我们有必要将知识图谱中的实体及关系投影到低维空间，以向量的形式来表达实体特征。这种知识表示的思想，实际上和推荐算法中的embedding方法从本质上讲是一致的。知识表示也是在研究实体的embedding，只不过研究的是在知识图谱中进行embedding。

第二，知识融合。结构化的数据可能来自各种不同的源，导致数据之间可能有大量重复、冲突或者表达同样含义但内容不同的情况出现。在具体工程实践中，还经常面临这样的情况：已经有了一份开放领域的知识图谱，针对特定领域又创建了一份知识图谱，算法工程师需要考虑如何将这两份，甚至更多的知识图谱之间进行大规模融合。

（1）知识表示。知识表示就是要将实体、关系等信息，使用低纬、稠密向量进行表征。知识表示有两种基本思路：一是从三元组的角度对实体进行向量表示，例如从（苹果，发布，iPhone）我们就能知道，iPhone和苹果之间的向量表示有很大关联；二是从语义的角度对实体进行向量表示，例如"平安集团"和"平安科技"从词义上讲就具有某种关联。这两种思路并非对立，我们能看到越来越多的研究和实践，正在将这两种思路结合起来。

1）基于元组结构的知识表示。基于元组结构的知识表示方法包括结构化距离模型（Structured embedding，SE）、隐变量模型（Latent factor model，LFM），等等。但目前最被广泛应用的模型要数2013年提出的TransE模型。这

种方法为知识表示提供了开创性思路，通过关系向量将三元组中的两个实体联系在一起。根据TransE模型中定义的评分函数，模型可以衡量构成某个三元组的头实体、关系、尾实体是否是合理的。其基本的思路是，如果"头实体+关系"的向量表示等于"尾实体"，那么这一关系就是合理的。TransE的优化目标就是不断缩小"头实体+关系"和"尾实体"之间的距离。

运用TransE模型得到的向量表示具有一些比较好的性质：例如，我们能够通过向量计算得知"招商银行-招行上海分行≈浦东发展银行-浦发上海分行"，因为其关系都代表"公司-分公司"。但是，TransE模型存在的问题是，在处理复杂知识图谱时，它对于多重对应的复杂关系显得捉襟见肘。例如，在一对多关系[（金融科技，包含，人工智能）和（金融科技，包含，区块链技术）]中，TransE模型会让"人工智能"和"区块链技术"有相似的向量表示，这是由在模型训练时我们希望"金融科技+包含"既尽量等于"人工智能"，同时又尽量等于"区块链技术"导致的。

为了解决TransE模型的这一问题，一系列TransE的改进模型衍生出来。TransH模型利用特定于某种关系的超平面投影，让实体在不同关系下拥有不同的向量表示（例如，作为手机制造商的华为和作为基站建设的华为，其向量表示就不完全相同）。TransR等模型则是为每种关系定义一个语义空间，通过语义空间的映射让实体在不同关系下拥有不同的向量表示。类似衍生出的模型还有TransD、TransG等，它们都基于对原有模型的改进，以解决实体在不同关系中拥有不同含义、同一关系的实体具有不同性质等问题。

2）基于语义的知识表示。2013年，索契（Socher）等人提出用文本词语进行知识表示的方法——神经张量网络模型（Neural tensor network，简称NTN）。NTN模型利用实体名称之间的关系，将实体名称的词向量进行平均，从而得到实体的表示向量。NTN模型的缺点是计算量过大，并且对于较为稀疏的知识图谱表现不佳。此后提出的DKRL模型则是将TransE模型基于元组知识结构的表示方法扩展到了基于语义的模型中，并且DKRL模型加入了CNN结构来进行词义，从而提高了单词语义的表达能力。

将元组结构和语义的知识表示结合起来进行知识表示的方法越来越受到关注。信号空间投影（Semantic Space Projection，简称SSP）模型通过对元组知识和文本语义进行联合建模，既利用元组间实体的关系，又综合考虑词语之间的相似性。

（2）知识融合。知识融合也可以称之为"知识对齐"或者"知识匹配"，考虑的是如何对多个知识图谱进行融合的问题。例如，我们可能有多份来自不同数据源的产业链图谱，需要将产业链中的公司、产品、上下游关系等信息进行合并，融合成一份标准化的产业链图谱。当我们想要融合多个知识图谱、或来源不同的知识时，通常会遇到两方面的问题：

1）数据量巨大。知识图谱中涉及的元组关系能够达到百万甚至亿级别。如果两个知识图谱均有如此巨大的规模，通过节点、元组的一一比对进行全局计算，对应的计算量太大。因此，在知识融合时，几乎必须考虑如何将知识图谱划分成块，分块进行比较、融合。

2）数据不一致。由于知识图谱的构建可能来自不同的文本，所得到的数据也可能并不完全相同。例如日期数据可能出现格式不规范的情况，"2020年1月1日"和"2020年的第一天"实际上表达的是同样的意思。另外，知识图谱的数据本身可能存在缺陷。例如在知识图谱中的"央行"没有指出对应的是哪个国家的央行，很可能在知识融合时就发生错误。因此，为了更便捷地进行数据对比，我们在进行知识融合时通常需要结合知识表示的方法。

①分块+相似度的融合方法。为了解决上述两方面的问题，在知识融合时可以遵循如下流程：在本体层面先进行知识对齐，这一步可以通过词相似、路径结构相似、图结构相似等方法进行计算，对于较小的知识图谱也可以通过人工手动进行对齐。

在进行实体匹配时，一般需要先对已有的实体进行聚类、分块。这一步的目的是将大知识图谱划分成小的区块，以方便匹配，通常可以使用Canopy聚

类或者混合使用Canopy和K-means聚类方法等。在已经缩小的实体区块中，我们可以将实体进行相似度比较，找出可以合并、互补的实体信息，这一步需要进行相似度的计算。例如，我们可以将实体的文本信息转化为集合，通过度量集合之间的相似度从而衡量实体，也可以根据图谱中的链接关系计算实体之间额相似度。

②知识表示的融合方法。使用知识表示的方法进行图谱融合，在工业落地中通常基于这样两种思路：一是将某些已经匹配的实体进行合并，并根据合并之后的单一网络结构进行知识表示，从而找到相近的实体。二是分别对两个知识图谱进行模型训练，得到图谱对应的知识表示，再通过预先匹配的实体将两个知识表示进行对齐，如MTransE就采用这样的思路。

这两种思路都基于已经匹配的一些实体。另外，在学术界有一些无监督学习的方法也被运用到知识表示的融合。例如，基于对抗神经网络的思想，训练判别器分辨两个图谱中的实体，直至无法分辨，则达到对齐状态。

针对超大规模的知识图谱对齐，清华大学和微软研究院联合提出了一套集成的匹配框架LinKG，这一技术将两个亿级学术图谱融合成超大学术图谱OAG（图谱中包含论文的名称、作者、出版地点等信息）。这项研究针对不同的实体和属性采用了不同的技术。LinKG针对出版地点匹配使用LSTM方法，针对论文名称匹配采用LSH+CNN方法，针对作者匹配采用异构图注意力网络（HGAT），从而高效处理多种类型的实体信息，实现应用级别的对齐效果。

3. 知识更新

知识图谱中的实体、属性、关系随着时间推移会发生改变，对应的知识图谱也需要更新。在具体实践中，知识图谱的更新主要包含两种层面的更新：本体层和数据层。

本体层的更新指的是对概念本身的更新，例如随着科创板的出现，需要在

第三章
人工智能 + 客户服务

"上市公司"这一类别下增加"科创板上市公司"的子类别。本体层的更新主要是靠人工完成的，或者依靠数据监测发现新概念，再由人工筛选判断哪些新概念应该被加入知识图谱当中。

数据层的更新指的是实体和实体属性、实体关系的更新，其更新基本遵照前面讨论的"知识抽取—知识加工"这一流程：从文本等信息中挖掘实体信息，再通过实体融合将新挖掘出的信息加入已有知识图谱中，实现原知识图谱中实体信息的增加、修改或删除。

正如我们已经探讨的那样，知识图谱的构建涉及繁多的具体技术，在这里的介绍仅仅是抛砖引玉，所阐述的方法和技术也仅仅是真正工程落地时的一小部分，对这些知识感兴趣的读者可以进行更深入的探索。目前特定领域的知识图谱构建，非常依赖于领域专家的参与。例如，在对关系和实体进行有效识别、判断不同实体的融合是否正确等方面都需要领域专家。在未来，无论是作为问答系统，还是作为知识工程的底层技术，知识图谱都有相当值得期待的发展前景。

（二）用户意图识别

用户意图识别是自然语言理解（NLU）很重要的应用领域。用户意图识别最早被运用在搜索引擎中。搜索引擎需要先判定用户想要搜什么，再从数据库中寻找相关的网页。在这个过程中，需要进行文本纠错、意图分类、意图拓展等子任务——这些任务也是在问答系统构建中需要关注的。值得注意的是，问答系统和搜索引擎相比，在用户意图识别方面还存在两点不同：

第一，两种系统和用户的交互形式不同。搜索引擎是检索型，交互是一次性的，而问答系统则可以和用户有多轮互动。问答系统可以以多轮询问的方式，获得用户提供的补充信息，以便更准确地捕捉用户意图。

第二，两种系统最终实现的目的并不完全相同。搜索引擎从数据库中筛

选一系列经过排序的信息列表，供用户自行阅读；而问答系统则是为用户提供最终的、精准的回答，并确保问答解决了用户的问题。这就要求问答系统在判别用户意图时更加准确，同时衍生出了语义槽填充的方式进行意图确认。

因此，在原有的文本纠错、意图分类、意图拓展之外，问答系统的意图识别还通常包括语义槽填充，并且需要结合多轮询问进行。

1. 文本纠错

用户输入很可能存在不规范的问题。输入不规范可以分为两种情况，一是输入错误；二是存在歧义。针对输入错误，一种方法是基于编辑距离，寻找最邻近的高频词语替代；另一种常见的方法是基于隐马尔可夫模型（HMM）的方法进行文本纠错，其基本思路是，计算改变某个字后，用户输入的文本在语义模型中出现的概率是否显著增加。针对输入文本中某些本身就存在歧义的词语或者短语，我们需要运用在知识抽取中已经提到过的"实体消歧"方法进行处理。

另外，我们可以在文本纠错模块，根据纠错建议主动向用户发起询问，确认是否存在输入错误。例如，用户如果输入的是"毛台的上下游产业有哪些"，我们可以向用户发起询问："你是否想问贵州茅台的上下游产业有哪些"，根据用户的进一步动作，再给出对应回答。

2. 意图分类

意图分类可以使用规则模板实现。我们可以建立触发规则，并在触发的基础上基于模板抽取用户提到的关键信息。根据具体的应用场景，意图识别模块可以设定更加复杂的判定逻辑，识别用户询问的意图。

正如我们在知识抽取时就已经提到的那样，规则的好处是容易理解、便于上线，但难于拓展，不方便迭代更新。在规则之外，我们可以考虑采用机器学

第三章
人工智能＋客户服务

习、深度学习方法，使用模型对用户意图进行分类。在意图分类中，考虑到用户问答数据通常难以获取，并且特定问答领域的数据量不会太大，因此通常会在预训练模型（例如BERT）或预训练词向量的基础之上，叠加模型进行意图分类任务的训练。在意图分类中还经常遇见的一种情况是意图类别过多（在很多问答中，用户意图可能超过100种），如果直接使用多分类任务方法进行模型训练，模型计算效率低、不易训练。针对这种情况，我们可以采用分层学习思想或者负采样进行优化。例如针对用户问题，先判定是否属于账户查询，再判定查询内容是否是信用卡信息，这样做将一个大的分类问题拆解成多个小的分类问题，最终使用多层模型完成整个分类任务。

在获知用户意图之后，针对某些特定用户意图还需要进行语义槽填充。例如，用户的意图如果是"查询股价"，那就需要从用户给出的信息中抽取相关的股票名称，填入语义槽"股票名称：_____"之中，才能完成股价查询的操作。

语义槽填充可以看作是一种特殊的命名实体识别任务，即从用户给出的信息中抽取语义槽中对应的实体字段，使用的方法也和命名实体识别类似（参见上一节"知识抽取"中实体识别部分）。另外，语义槽填充通常需要结合多轮问询进行，因为填入语义槽的信息，用户不一定能够一次性完全提供。例如，用户给出的问题是"理财产品净值"，那么用户的意图很明确，就是"查询净值"，但是针对这个意图，需要进行第二轮问询，让用户提供额外信息："理财产品名称：_____"才能查询。

3. 意图拓展

根据识别出的用户意图、关键词等信息，我们可以在原有的意图基础上拓展查询范围。例如，当用户问"2019年美国经济国内生产总值增长率是多少"，除了查询GDP增长率之外，可以同时查询2019年国内生产总值的数值、同期中国经济的数值等信息，让回答给出的信息更充实、更有价值。

在问答系统中，意图拓展通常可以根据词库或者图谱中词和实体的相似性（可以使用知识表示中的方法），将与用户查询相似的实体信息也放入回答中，同时也可以利用知识图谱中的图结构关系，寻找相邻节点的信息对回答进行补充。

（三）回答生成

1. 回答生成的基本形式

当我们已经识别了用户意图，并且从数据库中查询相关信息之后，我们还需要将查询的结果返回给用户，并且需要按照人们可以理解的方式呈现出来。在具体应用中，问答系统通常存在两种应答的形式。

（1）根据查询得到的数据，产生对应的回答。返回的数据可能需要进行排序、筛选，才能变成最终的回答，因此我们需要根据相似度计算等方法评估答案质量，并挑选其中某一个或多个数据组成最终的回答。在确定了数据之后，我们可以根据模板、规则，将查询的数据转化为自然语言，这种方法简单明确，但生成的文本可能较为生硬，难以进行复杂语句的表达。针对多轮对话，还需要加入各种可能的回复规则，包括澄清需求、引导用户、询问、确认、结束语等。除了规则以外，基于句法分析的文本生成也常常被运用到回答之中。学术界的研究还使用了基于神经网络模型（基于RNN和LSTM模型）的回答生成，以及将句法依存关系和神经网络结合起来的方法，但目前来看这类方法离落地还有很长的距离。

值得一提的是，回答生成最关键的还是需要根据具体的业务场景进行方法设计，不必完全拘泥于自然语言生成（NLG）领域。例如，针对某些股票数据，问答系统不必以文字的形式，而是可以用表格甚至图表的形式呈现回答。

（2）应答形式是帮助用户进行某项操作。在这种情形下，问答系统不仅仅

第三章
人工智能＋客户服务

是回答问题，还需要集成"小助理"功能。当我们使用智能语音助理Siri的时候，如果我们提出的问题是"Siri，帮我打开苹果音乐"，那么Siri除了给出相应的回答外，还需要进行自动化操作，在界面中打开对应软件。同样，在金融问答系统中，如果用户提出的问题是"帮我还这个月的信用卡账单"。当识别到了用户意图是"账单还款"后，问答系统除了给出"好的，正在帮您确认账单信息"的回答以外，还要能够自动帮助用户进行意图确认、实现账单还款的功能。这需要在问答系统之外，结合机器人流程自动化（RPA），实现具体用户指定的功能。

2. 回答中的知识推理

在实际问答中，有一些回答并不是直接可以通过查询数据库得到，还需要进行一些推理、判断。例如，知识库中的已知知识是"支付宝转招商银行收手续费率0.1%"，而用户问题是"从支付宝转北京招行，5000元大概要多少手续费"，想要回答这一问题，需要判断北京招行属于招商银行，其次，还需要知道手续费的计算是根据公式"手续费=金额×手续费率"得出。

在工业落地中，目前使用的推理方法还是基于规则的推理和一阶逻辑查询的推理。学术界目前有很多关于分布式推理和基于知识表示的推理的研究，但还处在初步的阶段，难以运用到工业落地中。总体来说，知识推理作为问答和知识图谱的一项前沿技术，能够覆盖更多用户回答，让知识更加完备，但从落地角度讲，知识推理目前还不是金融领域问答关注的重点。

如果你细心观察，一定会发现：在描述具体技术实现时，我们既提及了基于规则、模板的方法，也提到了基于算法模型的方法。实际上，目前各领域的问答系统大都采用二者结合的方式落地。随着数据越来越多，知识图谱越来越丰富，在未来我们有望减少对规则、模板的依赖，提高算法模型在落地中的比例，让问答系统更加"智能化"。

另外，在问答系统的构建中，目前的处理方法仍然强调将过程拆解、分成

多个步骤分别处理。未来可不可能抛弃知识库、知识图谱的想法，研发一个纯粹依靠"端到端"的模型，直接输入问题就获得回答的"百宝箱"呢？例如，我们可以基于类似BERT的模型，将"茅台产业链的上下游包括［mask］"作为输入，模型就能预测［mask］的内容。由于我们对深度学习模型的理解还相当粗糙，对预测结果缺乏掌控，这种想法短期内难以落地成可靠的产品，但这不失为问答系统的新思路。

三、问答系统在落地时的难题

刚才我们在问答系统涉及的各种技术中遨游了一番！如果你已经是自然语言处理、问答系统、知识图谱这些领域的专家，相信对前面涉及的技术不会陌生；如果你之前并没有相关的经验，你可能会感到信息过载，但也不必紧张。

实际上，关于问答系统的介绍只是为相关从业者展示一份技术地图，提及某些技术的细节是为了让这张地图更完整。这并不意味着你需要亲身体验地图上的每一个点。对于大部分读者来说，我相信只需要建立对技术实现的一些粗略印象，就足以辅助判断业务落地时，哪些部分容易实现、哪些难以实现、哪些对最终结果有显著影响。

我们可以看到，在问答系统方面已经有诸多具备相当前景的探索，并且在金融领域也已经有了不少成果落地。例如平安推出的AskBob智能问答机器人，就能够在金融、医疗、日常服务等多种场景下，回答客户提出的问题。如图3-12所示，此图为平安Askbob机器人界面，第2和第3页面分别是针对"现在适合买基金吗"和"我的理财"给出的解答。

另外，在真正落地问答系统时，我们也面临诸多难题。每一个尝试将问答系统带入金融领域的算法专家或者项目经理都必须要仔细考虑这些问题。

第三章

人工智能 + 客户服务

图3-12　平安Askbob机器人界面

1. 问答系统涉及工程量大

在构建问答系统时，如果工程师期待做出一个近乎完美的模型再上线，那么其面临的阻力和压力是非常巨大的。在工程中，项目开发者必须要非常重视实现和落地的难度。有些环节可以先采用非常粗略的办法处理，等到有需要时再进行迭代和改善。例如，在知识图谱环节，可以先上线已经结构化的数据查询，再构建知识图谱，构建过程中也应有限考虑关键步骤，如知识抽取中的实体识别，对于其他步骤可以相对简单处理。事实上，在很多金融场景下，问答系统所基于的底层数据都是以已结构化的数据为主，知识图谱为辅，通过知识抽取获得的那部分数据，通过简单的数据筛选、比对，即可尽快用于业务场景中。

2. 多轮对话面临挑战

目前问答系统能够解答客户大量的问题，甚至是很多相当复杂、相当专业的问题。但在实际业务场景中，更容易出现的情况并不是客户提出多么困难的问题，而是他需要反复交流才能完全陈述清楚自己的问题。如果问答系统不能满足客户3～5轮的连续问询，那么客户体验就很可能受到影响，会让客户感到所谓的智能问答"并不智能"。因此，"人工+智能"的方式是目前大部分落地的选择，也就是问答系统作为辅助，或者是前置的服务环节。传统的人工客服、理财经理的服务仍然保留，但是在问答系统没有能够提供满意回答的情况下才转接到人工服务（例如接下来介绍的IBM Watson Assistant就采用的这种服务方式）。

3. 问答系统的核心技术缺乏突破性进展

构建问答系统依赖于底层的自然语言处理技术。随着BERT、GPT-3模型的出现，自然语言处理技术的确有突飞猛进的提升。针对许多文本分类、实体识别等任务，算法工程师根据通用模型进行微调之后，即可获得表现不错的模型。

但是，提升问答系统的智能化程度，还需要在知识推理和文本生成方面有非常大的突破。在知识推理上，目前的推理在落地时仍然主要依靠一阶逻辑，这基本等同于依靠规则进行推理。目前的知识推理技术还无法解决类似"如果我不送好朋友生日礼物，他们会生气还是快乐"这样的问题。一些人类非常容易理解的笑话，知识推理技术对此也无能为力。如何处理推理过程中需要的大量常识？如何同时结合统计推理和逻辑推理？知识推理还有很长的路要走。在文本生成上，我们已经能够生成足以"以假乱真"的回答，但是如何让生成的回答满足人类的需要？我们需要的不仅是以假乱真，还需要让内容有逻辑、有质量，是针对特定话题、特定场景、特定需求展开的回答。这是目前文本生成的底层技术暂时没有解决的。

4. 数据规模仍是落地难题

无论是在构建知识图谱，还是识别客户意图，抑或是回答生成和知识推理阶段，算法工程师都需要大量标注数据，才能构建高准确度的算法模型。但专

第三章
人工智能 + 客户服务

业领域的数据往往难以获得，并且成本较高。在落地时，算法工程师需要多从数据角度考虑，并且针对不同的文本、不同的数据条件，结合目前已有的技术手段，衍生出不同的处理方法。例如，当数据规模明显偏少时，可以多考虑使用迁移学习方法、半监督学习等方法，或者在具体任务中使用预训练的"通用语言模型"（如BERT等），从而让任务变得更加容易执行。

5. 问答系统靠成本驱动，可能缺乏新的业务价值

不可否认，问答系统在降低成本方面的确具备显著优势，但这一优势也成为问答系统的显著劣势，那就是问答系统通常仅仅被用于降低成本，而不能创造新的业务形态。很多传统金融机构，即便是使用效率较低的人工完成同样的任务，也不愿意用问答系统加以替代。其根本原因在于，使用全新的技术，对于业务负责人而言总会带来不可控的风险。除非因为业务扩大，金融机构需要额外的人力成本开支——这时候，它们通常才会考虑使用问答系统，才有动力推进项目落地。

6. 问答系统不宜重复开发

在同一个金融公司，可能各种部门都有问答系统的需求：各分支机构的互联网技术部门可能想要开发问答系统用于解决客户问答；互联网技术创新部门也需要开发问答系统，在客户端提供问答服务；产品部门也需要把产品"智能化"，打造产品的智能问答。但是，单独为某项业务开发问答系统，会陷入开发成本高但短期收益低的困境。这种重复制造的问答系统通常功能非常有限，但工程量巨大，从整体上耗费了大量人力但效果却并不如意。

10个割裂的问答系统，远不如一个融合各种知识的问答系统。问答系统需要打通底层数据，让知识图谱融合、连通，这样知识的丰富度才能呈指数级增长。实际上，问答非常适合作为中台服务，以"大中台"的形式为各种业务场景赋能。对于管理层来说，这需要做好顶层设计，而不是让不同团队

"重复造轮子"。

总而言之，在智能问答领域，我们既面临挑战也有巨大机会。目前问答系统在金融领域的落地，虽然已经初具雏形并且产生了实际的商业价值，但其发展仍然还是处在很初级的阶段，要克服的困难还有很多。这些挑战一方面来自技术实现上的创新，另一方面来自对业务价值的思考。接下来我们以人工智能客服为例，简要介绍IBM Watson Assistant是如何构建人工智能客服的，以便更清晰地理解其中的困难和机遇。

需要补充的一点是，问答系统的运用不仅仅局限于人工智能客服。在前面提到的智能投顾的服务中，其实也有不少地方运用到了智能问答。另外，我们在之后的客户服务一体化（见本章第三节）以及智能投研中（见第四章第一节）还会看到问答系统落地的场景。

四、案例：IBM Watson Assistant 如何打造智能客服

问答系统是构建智能客服、回答客户问题的关键技术。目前已经有大量金融机构采用智能客服，为客户的电话咨询提供服务，部分金融机构甚至已经将智能客服的模式应用在智能营销中，使用聊天机器人向客户进行推销。IBM Watson本身是企业级的问答技术解决平台，建立在这基础上的Watson Assistant则是专门针对客户服务而打造的虚拟服务助手，这一产品也被运用在多家金融机构的客户服务之中，如图3-13所示，该图为IBM Watson Assistant智能客服的结构示意图，用于满足客户自助服务。

（1）使用语音助手接受客户输入，并对客户输入进行处理。

（2）使用问答系统完成问答流程，并且接受客户相关信息，为执行事务或进一步处理客户需求收集信息。这一主体部分就是按照前面已经提及的问答系统进行构建的。

第三章

人工智能 + 客户服务

图3-13　IBM Watson Assistant智能客服的结构示意图

（3）将事务处理结果返回给客户。问答系统无法解决的问题，将会被路由至人工服务，或者从公司知识库检索相关答案呈现给客户。

IBM Watson Assistant具体是如何应用的？

目前，IBM Watson Assistant的定位还是"辅助"，并不追求对人工服务的替代，而是强调从电话路由、辅助客户厘清问题等环节协助人工服务更好地满足客户需求。目前的应用主要体现在以下三个方面：

（1）坐席助手。Watson Assistant并不尝试使用聊天机器人取代坐席，而是将聊天机器人先部署在内部。当坐席需要为客户提供服务时，他们能够通过聊天机器人快速获得专家知识，实现更高效的客户服务。

（2）客户自助服务。通过聊天机器人的语音和问答系统，满足大多数场景下的问答和问题解决。针对没有解决的问题，再路由至人工客服或搜索公司数据库。

（3）内部员工服务。聊天机器人可以为内部员工提供服务，满足内部员

工的问答需求，用以解决人力资源管理和互联网技术服务台工作繁重、无法高效给员工提供回复的问题。

研究机构弗雷斯特（Forrester）通过调研为IBM Watson Assistant测算了人工智能客服为金融机构带来的可量化效益。根据Forrester的调研：

（1）由Watson Assistant 解决的每次对话为企业节约人民币39.05元。

（2）员工自助服务促成了40%的解决率，40名人力资源管理和互联网技术服务台坐席可以另作他用。

（3）有了聊天机器人助力后，坐席将处理时间减少了10%。

（4）每通正确路由的呼叫节约了人民币97.63元。Watson Assistant可以在需要上报问题时更有效地将呼叫路由到适当的人员，从而减少转接，缩短解决时间。

除了IBM的客服助理之外，招商银行、平安银行也推出了自主研发的客服助理，并且已经被应用到了真实的业务场景之中。尤其在将客服用于营销方面，招商银行和平安银行都已经具备了全流程依靠机器人完成交流的技术能力。围绕问答系统、对话系统，许多银行和互联网公司都已经具备丰富的技术储备，并针对实际业务场景建立了初步的落地化成品，并在这一基础上进行迭代和更新。这些落地主要集中在电话客服、App助理，因为这方面的落地目前是最容易，也是最能够创造直接产出的。但显然，问答系统并不止步于此，至少还有以下两方面值得优化的地方：

（1）在问答系统中整合更多的专家经验和常识背景，让问答机器人的回答兼具专业度和人性化。

（2）将多个不同知识领域的问答系统进行整合，最终打造在通用领域都能具备良好表现的问答机器人。

在未来，问答系统能做的事情还很多，也期待问答系统的进化能够为金融服务带来更多的智能和便捷。

第四节 客户服务一体化：聚焦需求 解决痛点

一、服务一体化：流程创新与资源整合

前文已经介绍了两种金融领域具体而重要的技术应用：推荐系统和问答系统。金融领域的客户服务智能化还有一个更重要的方面，那就是通过将技术应用整合进客户服务、客户运营平台之中，实现客户服务一体化。

很多金融机构已经有了一定的技术储备，如在图像处理、自然语言处理、语音处理等领域的技术都已较为成熟。但是，这些技术有可能分布在不同团队中为细分业务提供支持。例如，保险公司已经能够通过人脸识别技术帮助客户在手机端通过刷脸登录，通过OCR（光学字符识别）技术识别客户扫描的纸质材料，以及通过推荐系统为客户提供最佳匹配的保险产品。但是，以上所述的人工智能技术运用很可能还只是较为碎片化的。保险公司还应当从整体服务的角度，为客户提供全方位的、一体化的服务。金融机构应该更像是一个专职管家而不是一个个独立运行的系统，为客户提供产品发现、条款理解、在线签署、售后服务、智能理赔的全链路服务。

事实上，在过去很长一段时间，金融机构就进行了以客户关系管理系统（Customer Relationship Management，简称CRM）为代表的数字化转型升级。这些CRM系统在金融机构中发挥了重要而关键的作用，承载了金融机构的数字化转型目标。但是，传统的CRM系统已经难以满足日渐增长的智能化需求。数智化转型一方面包含了通过识别、预测技术，让机器做出更加符合人类需求

的交互；另一方面则是按照目前的业务逻辑和规则，将已有的技术工具和应用进行拼装，从满足客户服务需求出发，提升服务效率。

很多大型金融机构已经拥有了落地人工智能方面的技术能力，即使自身不具备技术能力，也能够通过外包渠道或者与技术公司合作获取。但是，很多已经成熟的人工智能技术在金融机构中并没有得到充分的运用。将客户服务打造成一体化的系统，并且针对各个模块引入技术进行优化，就能够在过去系统平台的基础上，构建出更加满足客户需求的服务体系。在这个过程中，金融机构关注的重点不是技术创新，而是流程创新和资源整合。

（一）流程创新

1. 研发流程

传统金融软件系统研发的环节繁多，并且落地到业务中的价值通常是间接的，研发团队获得反馈的链路长。在系统研发时，各个团队通常开发大量针对特定业务的模块，各个模块独立开发成本高、集成难、过程重复，最终形成的工程项目花费了大量人工，却难以沉淀为可复用、可拼装的服务。随着技术能力不断提升，金融机构在未来会越来越关注基础技术的可复用性，避免"重复造轮子"，通过系统中台等方式优化研发流程，将许多有价值的应用模块抽象出来，应用于整个平台服务之中，而不局限于某个特定环节。

2. 服务流程

传统的金融服务通常可以分为获客、客户维护、销售、售后四个阶段。不同阶段都有专门的金融从业人员负责。以客户维护为例，管理者需要通过和客户联系次数、老客户留存量等指标衡量客户经理的服务价值。但是，随着越来越多的金融服务转变为在线的智能化服务，客户可以自助获取服务，而无须依

第三章
人工智能 + 客户服务

靠客户经理。如果仍然以传统方式对客户经理进行管理，其产生的服务价值相当有限。客户经理的价值在未来将更多地体现在建立客户信任、公司品牌等无形价值之中。金融机构将会对上述的服务流程进行简化，减少不必要的中间环节，提升转化率。同时需要调整过去对客户经理的评价体系，以最终提升客户服务质量为目标，将客户经理和服务系统之间的连接变得更紧密。

（二）资源整合

1. 数据资源

许多金融机构已经深刻意识到数据的重要性，但其内部的数据资源还暂时处在分割状态。不同团队、不同分公司之间可能会出现数据孤岛的情况，使得数据在数字化时代无法真正发挥其价值。一方面，数据重复采购让公司平白无故花费了大量成本；另一方面，数据存储和获取没有统一规范，则会让数据调用变得非常困难。最为关键的是，分散的数据难以形成合力，在数据分析、模型训练等任务中导致数据缺失、数据不足等问题发生。许多金融机构正在着力构建统一的数据管理平台，为绝大多数业务提供底层的数据支持。

2. 模型资源

构建算法模型需要花费算法专家、算法工程师的大量精力。金融机构面临的技术挑战，可能来自人脸识别、语音识别、语义识别等各个领域，这些挑战需要特定的算法专家团队才能解决，但解决之后，由于各个团队往往是以完成某个项目开发为导向，模型的交付标准各不相同，这就导致模型资源难以被有效复用。另外，模型资源缺乏统一管理，难以应对高并发、高自动化的要求。因此，金融机构需要在对模型资源进行整合的同时，整合各个技术团队的能力，制定整个公司的模型交付标准。另外，金融机构可以将模型计算涉及的算

力资源通过云计算等方式进行统一管理和调配，让服务一体化变得更加高效。

3. 渠道和客户资源

渠道和客户资源既是公司软实力的体现，也是业务团队软实力的体现。业务团队获取这些资源需要花费大量精力，同时这些资源也代表了团队自身建立关系、人脉的能力。因此，业务团队自然不愿意在公司内部将这些资源进行共享。从公司的角度来看，不同业务团队的渠道和客户资源如果能够实现一定程度的共享，尽管不是将共享权限下放到最基层，也能够创造巨大的潜在收益。通过整合不同的渠道和客户资源，决策层在制定战略、推进执行时使出的合力将会更大，面临的阻力将会更小。

在接下来的部分，将介绍两个案例：智能保险和大堂机器人，以便更直观地理解客服服务一体化的落地方式及其价值。

二、案例：智能保险（人工智能代理人）

平安云平台为平安保险的智能运营提供了解决方案，如图3-14所示。通过打通不同阶段的客户需求、公司目标、保险代理人服务，从平台、业务、渠道、客户等多个层面实现保险客户服务的智能化。

（1）展业阶段。在业务拓展阶段，保险公司能够通过较为成熟的声纹识别、人脸识别等技术核实客户身份，通过OCR技术对保单文本信息进行处理，原先需要人工核实才能完成的业务场景，在云端通过模型计算即可实现。这种方式可以提高客户服务效率，降低客户服务门槛，同时保证客户和公司数据安全，规避操作风险。不仅如此，通过运营平台的智能化服务，公司能更精准地捕捉微观数据，实时掌控媒体渠道、代理人渠道等营销推广效率，再配合营销方面的数据分析、代理人培训等服务，实现更高效的推广。

第三章
人工智能 + 客户服务

```
        个人客户           保险公司           保险中介
           ↑                ↑                 ↑
        ┌──────────────────────────────────────────┐
        │          保险智能运营平台                   │
        │                                          │
        │    ┌ 智能认证 ┐         ┌ 智能双录 ┐      │
   展业 │    │人脸识别 OCR识别 联网核身│ │声纹识别 人脸识别 语音识别│ │
   阶段 │    └─────────┘         └─────────┘      │
        │                                          │
        │    ┌ 互联网风控技术 ┐   ┌ 智能理赔 ┐     │
   核赔 │    │AGL/TRI模型 3D动态监控│ │风控结果评分系统│
   阶段 │    │                 │ │黑名单监控自动理算、审核│
        │    └─────────┘         └─────────┘      │
        │                                          │
        │ ┌金融区块链FDLT┐ ┌生物识别┐ ┌大数据┐ ┌运营平台┐ │
   风控 │ │高性能交易   │ │人脸识别 │ │8.5亿人│ │在线热部署│
   后台 │ │联邦式加密   │ │声纹/声控识别│ │7000万+企业│ │低成本运维托管│
        │ │多场景应用   │ │方位活体检测│ │16500+字段│ │         │
        │ └────────┘ └────────┘ └─────┘ └───────┘ │
        └──────────────────────────────────────────┘
```

图3-14 平安保险的智能运营解决方案

（2）**核赔阶段**。传统的核赔方式较为烦琐，从公司和客户的角度看都有诸多不便之处。理赔难度高、速度慢、手续复杂，不仅为客户带来困扰，也让保险公司处在尴尬的地位：客户倾向于认为保险公司故意设置了如此高的理赔门槛以逃避保险责任，而保险公司则是站在防止欺诈和信息不对称的角度，不得不采用如此烦琐的步骤。随着技术能力的提升和系统集成化程度越来越高，传统理赔的不少中间烦琐环节得以被省略，保险公司和客户能够以更加透明和便捷的方式进行理赔。例如，针对车险理赔，平安集团旗下的平安壹账通就为平安保险提供"智能闪赔"服务，包括报案调度、查勘定损、核损核价、理赔核算等环节，通过整合各个阶段所需的技术工具，如图像识别、智能客服、精算模型等，为客户提供一体化的智能赔付。

在客户层面需要的展业和理赔的服务功能，对应地需要基础平台进行支撑。平台层需要关注数据本身的获取、清洗与合并；在算法层面，需要关注算法是否能够封装成通用模型，为各种业务场景提供调用服务；同时应该关注其他技术的使用，如区块链技术、云计算等，在系统层面实现低成本、高性能的运营维护。

可以看到，将整体的保险智能化关键并不在于某一项较为突出的技术，而是通过搭建平台和系统，将各种小的服务模块集成在整个系统中，实现全链路的智能化服务。项目落地的关键难度在于：

（1）**需要打通多重壁垒**。平安保险所采用的智能化解决方案需要打通基础架构、数据、算法等多维度。不同团队过去采用的技术架构不同，数据之间互不连通，使用的算法模型更加无从谈起。因此，想要真正建立全链路的智能化服务体系，需要决策层从顶层设计出发，打通过去客户服务、客户运营过程中的壁垒。

（2）**需要综合各种技术**。在客户运营平台中不仅需要某个单一领域的模型算法具备工程落地的精确度，还需要综合考虑平台性能、模型准确度、可拓展性等各方面的技术能力，并且可能还需要结合区块链技术、云计算等。另外，"智能保险"虽然最终是以平台服务或系统的方式进行交付，但是交付并非一次性的，而是需要随着数据量和数据维度的不断丰富，更新迭代其中的模型、应用。

目前，国内在科技创新方面较为领先的金融机构都正在进行类似的服务智能化升级。这种形式的落地不仅可以用作内部服务，也可以作为公司业务为同类机构开放。在未来，这类公司业务的集成式金融服务系统还会越来越多，这将对金融行业的智能化产生巨大的推动作用。

三、案例：行走的大堂机器人

国内最早落地的大堂机器人是交通银行的"娇娇"，它于2015年首次被投入使用。其后各大银行均有跟进，如招商银行、建设银行、工商银行、平安银行等。大堂机器人提供了包括客户指引、简单业务办理、客户核实等功能，另外还集成了机器人运动和控制系统，能够有效避开障碍物，实现行走功能。

大堂机器人目前已经有了不少落地，但是其"噱头"成分仍然较高。例如，大部分大堂机器人在语音和文字交互过程中服务，采用的是远程客服通过实时变声达成的方式，因此在这一层面上机器人的智能化行为实际上背后都主要依靠人工。大堂机器人的解决方案可以概括为硬件、基础软件、后台人工、人工智能技术4个方面。

1. 硬件

大堂机器人通常以终端一体机的形式交付，从硬件层面看主要包括系统级芯片、内存、电池、屏幕、传感器、外形硬件等。从硬件层面上讲，大堂机器人和手机、平板、其他终端一体机的硬件解决方案类似，主要改变的是其外观形态和硬件排列方式。

2. 基础软件

目前软件层面的解决方案主要是基于安卓系统的再开发，适配到机器人终端，并部分集成金融机构原有的CRM（客户关系管理）系统功能，进行了用户界面改进和可视化提升。这部分软件保证客户可以通过机器人屏幕进行取号、简单业务办理等事项。

3. 后台人工

在需要较为复杂的人机交互时，大堂机器人通过传感设备，将音频信号、视频信号实时传到后台服务中心，通过人工客服的方式进行答复，再结合变声等技术回传至机器人终端，最终达成"智能化"机器人的效果。这一解决方案也是目前大堂机器人最受争议的部分，因为是否能够识别语音，从摄像头的视频输入中捕捉图像信息，并将信息进一步处理、分析，是我们最关心的"人工智能"。但目前的解决方案对这一部分是回避的，采用的是"人工"方案而非"智能"方案。

4. 人工智能技术

大堂机器人也使用了一些人工智能技术用于处理数据信息，主要使用的是人脸识别、指纹识别这类较为成熟的技术。部分大堂机器人搭载了障碍识别、路线规划的机器人技术，但这部分技术仍然是辅助性的，其主要的运动模式并不依赖于障碍识别和路线规划，而是依靠后台人工操作。

主要的智能部分是依赖人工实现，这不免让人有些失望。但是从笔者的视角看，这是目前大堂机器人在落地时不得不采用的折中方式。目前的人工智能技术还远远不能达到通用人工智能水平，在日常对话场景中，苹果公司的Siri、亚马逊的Alexa基本代表了目前对话系统能达到的较高技术水平。但显然，想要在银行大堂落地，必须具备在复杂场景中处理复杂问题的能力，这样的技术水平还不足以解决该类场景下的智能交互问题。因此，大堂机器人的解决方案不得不采用目前比较有"噱头"的方式，既满足大众对于智能的期待，也能从技术上简单实现。望向未来，采用技术解决的部分会越来越多，而使用纯后台人工的部分有望越来越少。

在大堂机器人落地时，仍然需要综合考量服务能力、营销价值等多方面因素。目前的折中处理方式显然是一种技术过渡方案。在未来，大堂机器人所涉及的技术突破还集中在如下两方面：

（1）机器人的运动智能。在软件层面的平衡控制、障碍识别、地面估计、路径规划还需要优化，并且需要在硬件层面的改进才能提升机器人的协调性和应变能力。

（2）对话系统和问答系统。正如我们已经在问答系统中提及的那样，在人机交互的过程中，智能化提升的核心还是在于多轮对话和知识推理这两方面能不能有明显的突破，目前的技术解决方案仍然还有待创新。

总而言之，类似大堂机器人这样软件和硬件结合的产品，想要实现非常成熟且"全人工智能式"的落地，还需要综合使用非常多的技术，并进行大量的技术创新。这和无人驾驶、无人超市等领域面临的挑战类似。

第五节 "人工智能+客户服务"展望

过去十多年的时间，金融行业的客户服务经历了从ATM机时代到线上手机银行的数字化转型。在可以预见的未来里，客户服务将会在数字化的基础之上，迈向智能化、智慧化服务——人工智能技术将在其中扮演相当重要的角色。我们已经探讨了关于客户服务的三种落地方向：智能推荐、智能回答、服务一体化。展望未来，人工智能在客户服务中的落地、发展趋势远不仅仅限于这三个方面。如果想要更进一步理解"智能客户服务"未来会走向何方，我们不妨回过头来，重新审视人工智能等技术在金融客户服务中落地的根本驱动力，再从驱动力出发，思考未来技术落地的方向。

数智化转型：人工智能的金融实践

一、客户服务智能化的驱动力

1. 提升信息效率和服务效率

虽然大型金融机构都已进行过数字化转型，但其中仍然有许多效率值得优化。这体现在机构内部的数据和信息没有完全流通、机构内部和外部的信息存在不对称等多个方面。在组织结构、技术架构、人力资源等多重因素的共同限制下，一些客户服务可能需要经历较长的等待时间、审批周期，例如银行的贷款业务、保险的理赔业务等。提高信息效率和服务效率，能够帮助金融机构有效提高客户在获得金融服务时的满意度，并且可以降低金融机构自身的内部沟通成本、减少流程中不必要的价值损耗。值得一提的是，智能化客户服务还能够为客户提供全天候支持。人工智能并不需要节假日时间，因此可以为金融机构提供午休时的快速响应，实时解决客户提出的问题。从客户体验来看，7日×24小时的服务可用性能够减少客户等待的焦虑。

2. 降低获客和服务成本

在服务成本方面，基于人工智能的客户服务有明显优势。传统的金融机构需要花费大量精力培训客户经理，并且在离职之后需要花费更多精力寻找合适的替代人员。虚拟服务助理则不存在以上的困扰，能够有效降低金融机构在客户服务方面的运营成本。另外，以银行为代表的金融机构在存贷利差不断缩小的大背景下，需要重新审视以前并不关注的客户服务，尤其在零售业务方面重点发力，监管部门也在资管等领域逐步放宽牌照限制，引入竞争，使过去金融机构"躺着赚钱""监管套利"的生态模式发生改变。金融机构需要主动触达客户、以较低成本获取客户，从而构建新生态下的竞争优势。同样，随着零售业务成为各大金融机构的关注点，金融机构不可能像传统对待批发业务、机构客户那样花费高额成本提供服务，而是需要以低成本、更加普惠的方式，服务

第三章
人工智能 + 客户服务

那些处在传统金融边缘的人群，这些人群虽然客单价值不高，但胜在数量相当庞大。例如，蚂蚁集团就通过触达消费者和小微经营者，以低服务成本提供高服务质量，获得优异的长期业务增长。

3. 为客户提供个性化服务

个性化可以提高客户对公司的忠诚度和满意度，让客户选择最喜欢的内容、产品而非同质化信息。传统金融行业会为高净值客户提供个性化服务，但这样的服务不可能批量提供给普通人。但是，随着推荐算法或者定制的人工智能机器人的不断优化，它们有望以近乎零边际成本的方式，向普通人提供目前高净值客户才能享受的定制服务。虽然从目前来看，这些基于人工智能的技术还只能停留在虚拟层面，不足以真正替代传统金融中的真人顾问、贵宾待遇，望向未来，新成长的一代生下来就是互联网的原住民，他们对于虚拟顾问、虚拟待遇的接受能力非常高。随着客户习惯、认知方式的改变，金融机构需要不断调整对客户的服务方式。例如，在处理较为隐私的财务信息、办理一项简单业务流程或者期望避免重复推销而想要根据自己意愿选购产品时，越来越多的人不愿意和直接的客户经理连接，而是更倾向于虚拟助理。金融机构需要弯下身去服务客户，真正理解客户要什么。金融机构可以通过整合各种智能化解决方案，在客户服务中满足客户对低接触、数字交互不断增长的需求。

二、智能客户服务的未来趋势

基础层面，数据、算力、算法三者将会更加紧密地联系在一起。非技术人员通常会把人工智能算法作为核心，而往往忽视了数据和算力两个方面。实际上，如果把算法比作是厨师，那么数据就是食材，算力就是厨房设施，要想做出顶级美味，这三者缺一不可。金融机构应该打通部门之间的数据壁垒，甚至不同金融机构之间也可以通过联邦学习等解决方案实现数据层面的合作，金融机构的算力可以通过购买更多高性能设备提升，也可以采用云计算实现高效数据处理。只有同时兼顾数据、算力、算法三方面，人工智能技术在客户服务中的落地才会变得更加高效。

技术层面。多模态（MMML，Multi Modal Machine Learning）、多个领域融合的技术可能成为未来智能客户服务的新关注点。人工智能技术包括计算机视觉、自然语言处理、语音处理等多项技术，这些技术分别探索人类的视觉、语言、声音等多种功能。在目前的大部分技术研究中，受限于算法和数据，这些技术并没有融合在一起。在落地阶段，这些技术也通常是以独立模块封装、再拼接而成。例如，在对话系统中，我们需要先使用语音处理技术将语音转化为文本，再通过自然语言处理对文本进行分析。然而人类在多种场景下，通常需要将视觉、听觉、表达等功能结合在一起，结合多种模态信息形成分析、判断或决策。在客户服务中，想要让虚拟机器人真正理解客户意图、像真人一样为客户服务，就必须让机器人具备综合图片、音频、文字等多方面信息处理的能力。目前，多模态技术的研究热度逐年递增。如果能够将多种模态信息融合在一起进行处理、分析，并且真正在业务中落地，这将能够显著提升机器人服务客户的能力，提升客户满意度。

落地层面。人工智能服务中台化会成为一种趋势。人工智能服务作为一种新型的底层基础设施，应该被广泛运用到各种业务线中，并且以低成本的方式被调用。如果每个业务线都各自创造一套人工智能算法，并且将算法和系统捆绑，这既不利于算法的迭代更新，也不利于算法在各种业务场景下的重复利用。因此，金融机构需要做好顶层设计，站在公司整体角度将人工智能服务变成中台服务：人工智能技术的中台既汇聚后台各种底层数据进行算法优化，又能够以通用形式赋能前台业务。人工智能中台能够有效提高服务效率，并且降低服务成本，在数据打通、信息连通的基础上，降低公司内部的成本损耗。

业务层面。人工智能下的客户服务将引导金融机构迈向下沉市场，发展普

第三章
人工智能 + 客户服务

惠金融。金融服务作为基础生态，是整个经济的"水源"，其核心功能就是为经济发展注入活力，但由于过去服务成本的限制，通常只有少部分人群真正享受到了金融服务。当人工智能技术能够以低成本的方式为客户提供服务时，金融机构自然也能够触达普通人、触达过去金融体系不愿意服务的群体。另外，随着金融机构服务的群体越来越庞大，运用大数据、人工智能等技术越来越丰富，客户的隐私安全也受到挑战和威胁。监管部门也正在出台相关方面政策，遏制数据滥用行为，保障客户的金融隐私安全，并有望形成制度化的监管体系。

第四章

人工智能+
资产管理

第一节 资产管理综述

从较广泛的意义上讲，资产管理（以下简称"资管"）可以看作是金融涉及投资的业务总称。在不同金融机构中，对资管的称呼可能有些许不同：银行称之为"理财产品"，券商称之为"资管计划"，信托称之为"信托计划"，基金称之为"公募基金"或"私募基金"。

目前资管行业的主要业务和产品形态可以大致分为两类，一是以通道业务为主的投资，如信托产品、券商资管，其核心竞争力是项目资源、人脉和牌照，这部分业务我们暂且不谈；二是以市场主导的投资，主要包括银行理财、保险资管、公募基金和私募基金，其核心竞争力是对金融市场的研究，对数据和现象的挖掘。

在资管新规出台后，通道业务的重要性越来越低，各类资管公司都越来越重视在市场化竞争下获取超额收益的能力。以银行理财为例，过去主要是为客户提供稳定的、无风险收益，其中还包括很多被打包成理财的信托产品，但近年来，监管在对银行理财保持审慎管理的同时，也逐步引导银行机构从过去的非净值产品销售为主，转向净值型产品销售。银行推出越来越多的"固收+"理财产品，也就是将大部分比例投资于固定收益（如债券），少部分比例投资于股票等具有一定波动的标的。这类产品一般不提供固定收益率，而是提供某个浮动范围，如3%~6%，通过优秀的标的选择能力以及风险控制能力，在满足客户低风险偏好的情况下为客户创造收益。

第四章

人工智能 + 资产管理

（一）超额收益的来源

在市场化条件下，想要创造超越行业平均水平的收益，就需要对细分的投资领域有更深入、更成体系的研究。细分来看，资管行业的投资包括固收类、权益类、商品、外汇、基金中的基金（Fund of Fund，简称FoF）等，但无论涉及哪一领域的投资，超额收益归根结底来自下列做法。

1. 对价格、交易等信息深度挖掘

按照市场有效假说，价格和交易信息是无效的，因为所有出现的信息已经及时、准确、充分地反映在价格走势当中，接下来是涨是跌和过去的涨跌没有关系。但实际上，市场并非完全有效。从量价数据和交易数据中，专业的投资经理能够发现市场存在趋势性或者反转，这就能够帮助资金管理人获得超过市场平均水平的业绩。尤其是许多量化私募基金，他们能从市场微小的量价变动、市场微结构捕捉获利机会，这些机会转瞬即逝，因此他们会采用频繁、低延时的方式进行高频交易——这构成了许多量化私募的主要收益来源。

2. 对基本面理解足够深刻

基本面是指对宏观经济、行业和公司等基本情况的分析。例如，FoF类投资关注的是基金，那么就需要了解基金经理投资风格、投资业绩、投资团队、基金持仓等特征；权益类投资关注的是股票，那么就需要关注上市公司的财务状况、高管治理、行业景气等信息。这些信息本身只是一些数字或者新闻，如何理解数字、新闻背后的含义，并据此对未来做出判断，这就是分析师、基金经理的工作。好的基金经理能够抓住真正重要的信号，基于自己多年经验对信号进行解读，从而做出好的投资选择。

（二）人工智能应用于资管领域

回到人工智能技术，我们如何才能利用技术让上述两方面做得更好呢？实际上，"智能投研"正是以上述两方面作为出发点，使用人工智能技术让资金管理人对各类信息有更深刻的理解。

1. 在数据挖掘上做得更好

传统的资管从业者会使用一些较为简单的统计方法对数据进行挖掘，例如线性回归、计算统计量等方式。但传统办法难以挖掘数据之间复杂的、非线性关系，而这些信息对投资可能具备相当丰富的含义。采用机器学习、深度学习算法，我们更能够理解数据背后隐藏的信息。

另外，"另类数据"在投资领域的地位将会越来越重要。另类数据指的是在投资中使用的非传统数据，如从社交媒体中获取的舆论信息，从公司架构中发现的持股关联信息，从卫星获得的区域亮度信息，等等。这些数据的及时性、丰富性、信息量，都远超传统金融关注的市场数据，能够提供比市场数据多很多的信息。同时，这些数据是非结构化的，数据大小以万亿字节（Trillion Byte，简称TB），甚至千万亿字节（Peta-Byte，简称PB）为单位，这样大规模的、复杂的数据是传统分析办法无法解决的。因此，想要有效地从这些数据中提取和投资有关的信息，尤其是关键的、海量的、实时的信息，我们需要借助人工智能技术进行处理。我们将在本章第二节"另类数据+人工智能如何为投资提供洞见"中详细介绍。

2. 将基本面分析量化、体系化

传统的基本面分析主要是分析师、研究员根据信息，结合自己的专业经验做出判断，但这种方式面临三个问题：

（1）分析师判断很可能夹杂了主观观点或者受到情绪影响，这对投资决策

第四章
人工智能 + 资产管理

可能有负面影响。

（2）分析师的判断转化成具体的投资行为面临很多实际困难，例如股票研究员看涨A、B股票，但宏观研究员对整体股市是看跌，究竟是否应该增加A、B股票的仓位？如果增加，应该采用怎样的权重？这些都是投资中会面临的实际问题。

（3）一名优秀的分析师的培养成本极高，需要多年的市场历练，其成功经验又很难直接让其他分析师习得。

因此，如果能形成一套量化的基本面分析体系，将财务指标、行业指标、宏观指标等信息直接转化为相应投资，分析师也能够基于这套体系，将自己的专业经验转化为一系列可以量化的逻辑或信号，那么这样的分析框架将能够更好地为投资服务。这样的体系不仅适用于基本面分析，也适用于技术分析。我们会在本章的第三节"人工智能算法用于构建量化投资策略"中阐述其理念和解决方案。

我们可以把投资看成是"数据→投资策略→系统决策"的过程（如图4-1所示，美国顶尖对冲基金腾胜的投资管理架构正是按照这一过程搭建的）。以上两方面的优化能够帮助资管方在"数据→投资策略"过程中更加智能化、提高投资收益，而在"投资策略→系统决策"的过程中，还需要一套更高效的投资决策逻辑，这也就是"智能投研"所关注的第三方面。

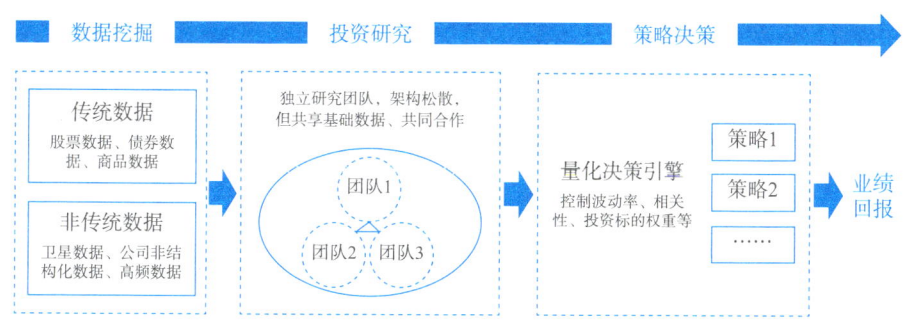

图4-1　美国顶尖对冲基金投资流程示意图

3. 将交易决策、投资决策系统化

目前资管仍以主观投资为主，资金管理人的经验判断在投资中起到决定性作用。从美国的投资管理经验来看，随着金融体系日益完善，市场机构日益成熟，投资决策受到个人因素的干扰会越来越少，金融机构普遍会建立一套系统化的投资流程。出于安全和高效的考虑，信息汇总、策略制定、决策执行都将分别由不同的专业人士负责，投资经理的所有决策都必须有数据支持，仅是交易员在下单时可能引入人工干预。我们会在本章第四节"系统化交易"中进一步讨论。

除了提高投资收益以外，资管业务在销售端还需要将投资包装成具体的基金、理财等产品（或一揽子产品组合）提供给客户。尤其是在面向个人端提供给客户时，必须考虑到客户的风险承受能力、购买偏好等各方面因素。这就构成了"投顾业务"——以"投资顾问"的方式，让客户理解产品的收益和风险，并选择适当的资产组合进行配置。如何为客户提供定制化的、针对性的、智能化的投资推荐，是"智能投顾"关注的内容，这一部分我们将在下一章更加具体地探讨。

第四章
人工智能 + 资产管理

第二节
另类数据+人工智能如何为投资提供洞见

前文中我们已经提到，另类数据在投资中越来越重要，而人工智能技术在投资中最关键的应用之一就是从这些另类数据中挖掘深度信息。那么，人工智能是如何让数据挖掘更深入的呢？

例如，美国有一家叫RS Metrics的公司，他们曾通过识别卫星高清图像，判断特斯拉电池工厂的建设进展。具体而言，他们采用图像处理技术，从卫星图像中识别关键结构建筑的完成度，以此判断工程进展程度，按照这样的方式，他们能够比市场普通参与者提前获知特斯拉电池工厂的项目进度，获得一手信息，从而实现比普通投资者更精准的决策。

一、金融领域的另类数据

在传统投资中，投资者很少关心诸如卫星图像这类数据，因为这类数据虽然信息及时性高、精度高，但信息提取难度大。随着前沿算法在图像处理、自然语言处理等领域的精度越来越高，同时算力资源越来越容易获取，投资者将会发现：从这些较为复杂的数据中提取信息变得越来越容易。

按数据类型和数据来源两个维度，我们可以将这些用于投资的另类数据划分如表4-1所示。

表 4-1 用于投资分析的另类数据分类

数据来源	图像数据	文本数据	关系结构数据	其他数据
公开数据	卫星图像数据、灯光亮度数据、热感图数据	券商研究报告、公司公告数据	—	气象数据
来自特定机构（有一定许可限制）	港口、机场航拍等数据	政府政策性文本法律法规、企业相关诉讼数据、智库研究数据、研发专利数据	产业供应链数据企业（股东）持股和投资关系	电力数据、办公楼数据、地铁客流量数据、房地产销售数据
网络爬取等方式	—	新闻舆情，社交媒体数据（新浪微博等），搜索热度（百度、搜狗等）	公司信息图谱	—

按照数据来源，将数据划分为公开数据、来自特定机构、网络爬取三种方式。通常公开数据和来自特定机构的数据质量都比较高，但是很可能存在延时；而网络爬取得到的数据虽然较为及时，但通常比较"脏"，需要更多数据清洗的工作。另外，网络爬取数据的稳定性也不如公开数据和来自特定机构数据。需要说明的是，我们列举出的公开数据大都是全市场数据甚至是全球性数据，而一般特定机构提供的数据往往会仅限于某些特定地域、特定城市等，全市场数据可能能对整个市场的所有资产具备预测性，但如果仅限于某些特定区域的数据可能只针对少量股票、债券价格具有预测功能，总而言之，这些因数据来源所产生的细微差别是我们应该关注的。

按照数据类型，将数据划分为图像数据、文本数据、关系结构数据和其他。当然，这样的划分并不绝对，例如，我们将产业链数据划分为关系结构数据，但它在展现产业上下游之间关联的同时，基础数据是以文字形式存在的，因此在处理时也需要结合文本数据的处理方式。

第四章

人工智能+资产管理

这些另类数据的应用前景都非常值得关注。例如，从卫星高清图像中，可以实时识别项目真伪、工程进展。从航拍港口和机场数据中，可以通过识别集装箱数量等方式提前了解到外贸状况甚至预知特定行业的订单情况。从券商研报中，可以汇总分析师预期、建立分析师画像库甚至进行更复杂的文本数据分析。从新闻舆情中，可以实时监测目前媒体关注的热点，结合从社交媒体中获得的相关话题的讨论，帮助投资经理更早发现市场的趋势（图4-2）。在"其他数据"中，地铁客流量和电力数据可以判断经济恢复状况（这类数据在2020年新冠肺炎疫情期间得到有效验证），这一指标比月度宏观指标平均领先2周。从气象数据中汇总得到的农产品产量预期则有助于商品期货方面的投资。

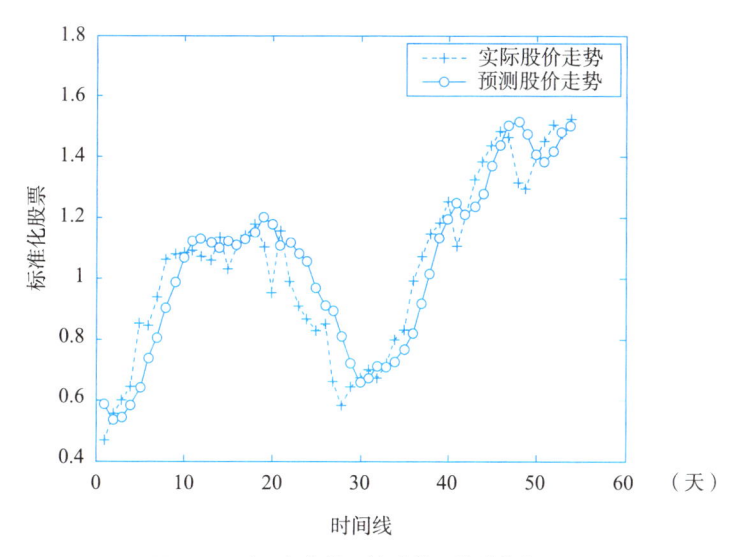

图4-2 利用文本处理技术获取情绪指标

注：使用推特数据，利用文本处理技术获取情绪指标，将情绪指标用于股票价格预测[①]。

---

① Mittal，A.（2011）. Stock Prediction Using Twitter Sentiment Analysis.

但从目前资管行业现状看，针对这些数据的研究还处于较为初步的阶段。这些数据的深度挖掘需要三方面的能力：

（1）想法。想法是数据挖掘的根本。如果没有想法，数据就只是以0.1符号存储的一些编码而已。获取到另类数据后，需要思考的是：如何使用数据？如何将其和投资结合起来？用这些数据来预测什么？这些想法决定了我们要怎么利用它。例如，美国有一家私募公司，他们收集了美国零售超市门外停车场的摄像头监控数据，根据监控影像获取全美零售超市的人流量，再根据人流量的变化，预测零售行业的股票涨跌。他们使用的另类数据——停车场的摄影图像数据——可能并非现成的、来自某数据供应商的，而是需要他们基于灵感和创新去发现的。一方面这需要来自对数据的深入研究，另一方面还需要对金融市场有足够深刻的理解。

（2）算法。使用机器学习、深度学习等人工智能算法，我们可以"实现"第一点中的想法。例如，当我们需要从航拍港口图片中识别集装箱数量时，人工地对每一张图片进行处理可能会耗费大量人力，并且延时极长，而使用算法自动对图片进行识别，几乎在获得图片的同时就能够得到集装箱数量，如果再结合系统化自动交易等后续解决方案，另类数据的价值在投资中的价值就能够发挥到最大。

（3）工程。在我们使用人工智能算法实现对另类数据的自动化挖掘后，还没有完成全部过程。在真正的应用中，将数据、算法工程化的能力也是极其重要的。例如，假设我们发现社交媒体上对某上市公司的讨论对该公司的股价具有显著的预测意义。那么，我们就需要先爬取相关信息，将数据处理成数据流或写入数据库，对数据进行预处理，再进行模型预测，最终才能将预测值用于投资。当我们想把上述过程变成实时更新，在信号出现后10秒以内实现自动交易时，就需要对数据处理、数据储存、模型部署等工程化步骤有更深的思考。尤其是针对从网络爬取获得的数据，我们需要花更多精力关注如何保障数据源畅通等具体的实践问题。

第四章
人工智能 + 资产管理

目前来看，有效整合了以上三种能力的专业人士或团队仍然是相当稀缺的。在传统的金融公司，分析师和研究员大都只有"想法"，极少数能够将其用算法实现，至于工程化则多半需要靠其他IT人士协助。而在互联网金融公司，专长于算法和工程的技术专家有很多，但具备金融行业经验、理解金融市场的复合型人才就很少了。

针对不同的数据类型，我们所使用的算法、模型会有差异，对各种数据类型分别有相应的技术解决方案，这是我们接下来要探讨的。

二、另类数据的人工智能解决方案

对于如何使用另类数据，目前较为成熟的标准解决流程如图4-3所示，当然在实际运用中可能会针对具体问题有相应调整：

针对每个步骤，实际上都需要有专业人士进行处理，例如数据分析师、算法工程师、开发工程师等，其涉及的方面非常繁杂。在这里我们无法详细讨论技术细节，我们只是对流程中和"人工智能技术"最相关的两个步骤涉及的难点及其解决方案进行简要总结，感兴趣的读者可以针对性地根据提及的方法阅读相关资料。

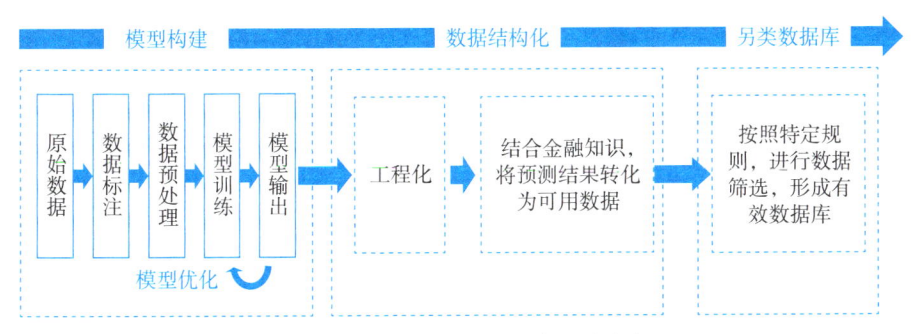

图4-3 另类数据的人工智能解决方案

（一）原始数据→数据标注

难点：高质量的标注成本大，人工标注的方式费时费力。

方法：使用规则进行标注、迁移学习、半监督学习。

目前我们在金融投资领域使用的绝大部分任务、绝大部分模型都是基于有监督学习。也就是说，我们需要先告诉模型"给定某些输入时，我们期待的输出结果是什么"（称之为样本集），才能进行模型训练。

例如，假设我们从网站、App等渠道爬取了最新的财经新闻。我们可以按照如下逻辑来预测市场：对新闻内容进行情感正负面打分，以判断新闻对市场的态度是正向还是负向的，然后再将其作为指标来预测市场收益。要实现以上步骤，我们需要先有样本集，也就是需要选取一些新闻内容，人工判定它是正面的还是负面的，然后将这些标注数据"喂"给模型。

但是，在文本、图像处理等任务中，训练人工智能模型所需要的样本量很大，而如果采用传统的手工标注的做法，我们就需要花费大量人力成本。尤其是在不确定一份另类数据是否能为投资产生收益时，花费巨大的人力成本用于第一步数据处理是得不偿失的。

因此，在实践中，通常采用三种方法去解决以上问题：使用规则标注、迁移学习、半监督学习。

（1）在项目冷启动阶段，通常会使用"基于经验的规则型标注+抽样检验"的方法。规则型标注比较省力，例如在判断新闻是正面的还是负面的时，可以采用"提到'上涨'就是正面，提到'下跌'就是负面"这样的规则对新闻进行初步标注。在图像领域，我们也可以使用计算机视觉中一些常用的简单图像处理技术对图片进行标注。这样的标注规则比较简单，容易理解，但是其标注质量还需要人工核验——一般来说会采用抽样检验的方法进行核查。

（2）使用迁移学习能够大大减少需要的标注样本集数量。迁移学习指的是将一些已有模型、相关领域的知识和方法迁移到数据不那么多的领域。让机器

第四章
人工智能 + 资产管理

"举一反三",这样就能够降低需要标注的样本量。目前最常用的迁移学习是"预训练模型+微调"的方式,这一方式是基于已经训练好的、通用模型,再加上少量标注数据,即可完成针对特定任务的人工智能模型训练。

(3)半监督学习也同样可以用于减少标注样本集数量。半监督学习指的是使用有标签数据与无标签数据混合成的数据,进行模型训练。具体而言,半监督学习有两种比较典型的实现方式,一是使用无标签数据完成模型初始化,再使用有标签数据微调模型;二是将无监督学习和有监督学习以某种有机形式结合起来,实现真正意义上的"半"监督学习。关于半监督学习,无论是学术界的研究还是业界的应用都仍处在不断尝试的阶段,尤其是将无监督学习和有监督学习"有机结合"这一点上,业界和学界都提出了许多新的算法思路。

在具体实践中,一般会优先采用规则标注,让标注数据集尽快生成,在逐步迭代过程中,我们可以使用迁移学习、半监督学习等方法提升模型准确性。

(二)数据标注→数据预处理、模型训练

难点:目前尚不存在普适的人工智能模型。

方法:在特定任务中运用特定的机器学习、深度学习模型。

在模型训练的过程中,我们常常需要使用各种人工智能算法,但如何选择,则依赖于具体的数据类型和任务。

在金融领域涉及的图像方面,我们通常会遇到如下任务:

(1)图像分类:判断一张图片属于什么类别。

(2)目标检测:判定图片中包含哪些关键物体,并标注出物体所在位置。

(3)目标分割:将关键物体的轮廓描出,使物体能够沿轮廓被单独切割出来。

目前的深度学习技术对于图像分类任务、目标检测任务在业界的使用已经相当广泛,但在金融领域的应用还有些许不同。

数智化转型：
人工智能的金融实践

典型的图像处理主要关注人脸识别、车辆识别、道路识别这类具有典型应用场景的问题，但在金融中，我们常常需要处理灯光数据、卫星图像数据等，这类数据在典型的图像处理任务中并不常见。虽然使用的基于神经网络的方法大体类似，但因为数据不同而带来的模型结构方面的细微处理也是相关算法工程师应该关注的。

在金融文本领域，我们需要使用自然语言处理技术对文本进行处理。通常而言，会遇到如下几类任务：

（1）情感打分等分类任务：判断文本属于何种类别，如正面的还是负面的，广告还是非广告等。

（2）命名实体识别任务：给定一段文本，找出其中的特定术语，如人名、地名、机构名等。

（3）文本翻译：将一种语言的文本翻译为另一种语言。在汇聚全球金融的新闻数据时，可能需要使用文本翻译，将文本使用的语言进行统一。

（4）关键词句抽取：提取文本中的核心词句，用于文本总结或生成摘要。

（5）文本生成：根据输入的文本、图像等其他数据，生成相应的回答、扩写或描述等。

以上各类任务都是自然语言处理的分支。从技术成熟度看，情感打分、命名实体识别、文本翻译都已经进入较成熟的应用期，关键词句提取在某些场景下比较成熟，而文本生成仍然处于探索阶段。

金融领域涉及的文本数据非常丰富，有极大的应用价值，常常被当作是最重要的另类数据类型。但想要让机器像人一样理解文字，比让机器像人一样看懂图片要复杂得多，因为语言本身还涉及隐藏信息、常识、推理等。因此，在具体实践中，我们需要将"理解文本"这一任务拆分成为具体的、可以实现的小任务，通过完成分类任务、命名实体任务、关键词句抽取等小任务，将其结合起来，达成语义理解的目标。

对关系结构数据的处理常常要根据具体的关联方式决定。不管怎么说，对

第四章
人工智能 + 资产管理

关系结构数据的处理通常都需要依靠图算法予以实现。从2014年布莱恩·佩罗齐（Bryan Perozzi）首次提出"深度游走"之后，图神经网络也越来越受到重视，并且相关算法已经深入运用到推荐系统之中。在金融领域，目前关系结构数据仍然采用比较简单的处理方式，暂时不涉及太复杂的图神经网络算法。

在具体应用时，我们应该注意到模型应用、任务划分并非绝对。例如，有很多文本数据最开始是以图像格式存在的，所以我们需要先使用图像识别技术，将图片中的文字识别出来。又如，在关系结构数据中，使用的产业链数据、公司信息图谱，其底层数据仍然是以文本形式存在的，因此在关系结构数据的处理过程中也需要结合文本处理技术。

需要补充的是，完成模型预测并不是对另类数据挖掘的全部。正如我们已经在图表"另类数据的人工智能解决方案"中展现的那样，整个数据挖掘流程还需要进行数据库构建和数据筛选，而这两部分需要结合金融知识才能完成，如宏观模型、投资模型、行业模型等金融领域的专业知识。例如，在量化投资中，通常会将各类数据最终都转化成因子（factor），然后存入因子库中。因子可以看作是影响股票、债券、商品等标的物的量化指标。这些量化指标需要基于模型预测，结合金融知识建模获得，这一步即数据库构建；另外还需要进行特定方式的因子检验，保证量化指标的有效性，这一步即数据筛选。

虽然人工智能技术也会不断迭代更新，但另类数据的人工智能解决方案从整体框架来说短期并不会有太大变化。在接下来的小节中，我们将看到金融科技公司Kensho是如何实践这一过程的。

三、案例：Kensho及其后来者

金融数据分析服务提供商Kensho公司创立于2013年，2018年时被美国标普全球公司（S&P GLOBAL）收购。Kensho曾经因为其带有颠覆性的创新问答系统，在华尔街掀起了不小震动。其最核心的是一款名叫VISALLO的产品（曾经的名字叫"Warren"），它可以理解以下的多种问题，并给出相应的回答：

苹果发布新的iPad，对哪家供应链公司的影响最大？

叙利亚遭到袭击会对金融市场产生何种后果？

……

针对这些问题，一个普通金融分析师往往需要花费半天甚至更久的时间才能给出答案，但Kensho能在几秒之内就做出响应，给出相关的数据和回答。显然，这样的系统对大型金融机构来说是极富吸引力的。

如果我们将Kensho的产品拆开来看，其核心由如下几方面组成：

（1）传统数据与另类数据处理，形成底层结构化数据。Kensho最早依托高盛长期以来建立的金融数据库，因此具备天然优势。同时，Kensho花费了很大精力进行数据清洗、数据对齐、数据标准化、数据结构化等工作，最终形成其底层结构化数据。值得一提的是，Kensho在建立底层结构化数据时，针对非关系型数据（图数据）建立了单独的图数据库，例如持股关系、产业链关系、供应链关系等图数据，这样做的好处是更方便处理图谱结构数据，其查询和储存速度、数据更新便捷性等方面都相较关系型数据库有明显提升。

（2）问答技术将问答转化为数据库查询语句。这一部分我们已经在上一章的"智能问答"中详细介绍过了。Kensho通过识别客户意图、使用强大的数据库查询引擎，精准捕捉客户提问对应的回答。

（3）金融知识建模对返回的查询结果进行解释。Kensho对于查询到的结果会进行一定程度的解读和分析，这基于相关的金融知识，例如查询到营收数据之后，会汇集3年以来、5年以来的营收，并对营收的增速、同行业内的比较进行分析，也会加入统计学中的常见模型，如时间序列数据的回归等。最终，Kensho会将以上得出的分析内容汇总，结合数据可视化功能，最终形成呈现

第四章
人工智能＋资产管理

给客户的分析和报告。

例如，当你在系统中提问"苹果发布新的iPad，对哪几家供应链公司的影响最大"时，系统第一步会识别出"苹果公司、供应链、影响最大"这几个核心词，第二步在数据库中形成"查询苹果公司供应商，按照关联金额排序"这样的查询指令。第三步是在获得供应商相关数据后，再筛选该供应商和苹果公司有关的金融数据，基于金融知识，生成相关分析和报告。

虽然Kensho在建立之初颇有取代传统金融分析师的架势，但从目前来看，其得出的分析更多是作为分析师的辅助，并非彻底取代分析师。这是因为针对具体的金融现象，简单的金融模型仍然难以展现金融市场的复杂现象，目前Kensho还没有能力像资深金融分析师一样对市场进行分析，它更像是金融业的实习生，能够快速地帮助资深分析师收集相关的数据和图表。

因此，揭开Kensho的神秘面纱，其实背后的技术并不神秘：一部分是数据挖掘+金融建模，另一部分是问答技术。针对第一部分，事实上国内也诞生了不少类似的公司，如萝卜投研、文因互联，另外也有专门做另类数据库的公司，如数库（ChinaScope），目前这些公司都在完善自己的数据平台，尤其是另类数据库，它将数据和金融知识结合起来。相比较而言，国内这一领域相比国外的领先机构还有相当远的距离。例如彭博作为最大的全球金融数据供应商，它长期以来在全球积累的数据丰富程度、精准程度、资源覆盖度等都是国内金融数据供应商在短时间内无法比拟的，正如"巧妇难为无米之炊"，即使国内新的金融数据供应商采用顶尖的人工智能技术挖掘数据信息，但国外的数据供应商、国内传统数据供应商所建立的数据垄断护城河在短期仍然难以打破。当然，这些新出现的国内数据供应商在A股公司供应链和关联数据、舆情数据方面具备独特优势，这是目前来看另类数据最具突破的领域。

我们可以用两种视角审视另类数据：一是数据供应商视角，数据供应商应该关注另类数据本身的另类特质、处理方式。数据供应商如果能够提供更精细化处理的另类数据，如卫星数据、灯光数据、舆情数据、产业链数据等，那么它就能够和其他数据供应商形成差异化竞争。因此，作为数据供应商，应该关注的是数据本身的特质，以及它是否能够给投资者提供洞见。例如，朝阳永续的"分析师预期数据"在很长一段时间就被很多业内投资者看作是有效另类数据。然而，当另类数据被广泛使用之后，它也就不再"另类"了，数据供应商往往需要对已有另类数据做进一步深耕，或者寻找其他还未被挖掘的数据类型。二是机构投资者视角，机构投资者往往并不会深入处理另类数据，而多半考虑从数据供应商处购买数据，因此机构投资者并不需要完全掌握数据处理过程中使用的人工智能技术，但理解数据计算的基本逻辑是有必要的。另外，投资者应该更关注数据本身的金融学、经济学含义，更侧重如何将数据融入自身的投资框架中。

总体而言，另类数据挖掘在未来仍然会是人工智能技术在金融领域的应用之一。理解另类数据是如何处理，并且是如何被运用到投资中，这对于投资者提升阿尔法收益是相当重要的。

第三节 人工智能算法用于构建量化投资策略

投资是一件相当复杂，但从根本上讲又是大道至简的事。复杂之处在于市场上的信息和噪声同时存在，对于同样的信息，投资者也可以产生各种各样的解读。价格最终是各种复杂行为的总和结果。简单之处在于投资者的行为归根

第四章
人工智能+资产管理

结底无非是买和卖，投资者无非是遵从一套逻辑、策略，从概率上获得期望值为正的收益即可。至于如何构建投资策略，每位分析师和投资经理都会给出自己的见解和观点，但其见解和观点或多或少都发自投资领域中几种基本的投资理念：

（1）以利弗莫尔为代表的技术分析。这种办法主要从量价数据出发，以趋势的角度看待股票的涨跌：上涨趋势强劲的股票还会继续上涨，而一旦出现反转信号就应该及时抛出。技术分析被广泛运用在股票、商品、外汇等市场中，并且至今仍被广泛采用，这种做法的核心理念就是"有趋势时追随趋势，无趋势时及时止损"。

（2）以巴菲特为代表的价值投资。其投资标的主要为股权。巴菲特在投资时，他关注股票对应的公司价值，而不是股票短期的波动，更不是股票上蹿下跳的报价数据，而是将股票投资理解为对某家特定公司的经营业务、管理能力、未来前景的投资。按照巴菲特本人的说法，"纽交所即使停市3年，对我的投资都没有什么影响"。一言以蔽之，价值投资信奉的是"买股票就是买公司"。

（3）以西蒙斯为代表的量化投资。这种方法从统计学视角来理解价格涨跌，依靠数学模型和计算机从过去的历史数据、历史信息中挖掘潜在的统计学关联，以此构建买卖策略从而获利。一般而言，量化投资会以数量化方式及计算机程序化方式进行买卖交易。在某些金融机构中，也可能采用量化和主观结合的方式进行投资。量化投资的基本假设是：历史会重复，量化投资者要做的就是从历史数据中挖掘在未来还会重复的特征。随着量化投资的不断进化，量化投资也和技术分析、价值投资结合在一起，衍生出了趋势量化、基本面量化、宏观量化等多种分支。

目前将人工智能算法用于投资策略还是比较新兴的领域，但在某种程度上，它可以被理解为20世纪80年代就开始兴起的量化投资的延续，使用人工智能算法无非就是将原来的统计方法换成较为复杂的算法模型。在大多数时候，人工智能算法的应用和量化投资是密不可分的。在接下来介绍人工智能算法的

应用中，我们会先简单介绍量化策略本身的逻辑，再在此基础上介绍人工智能算法是如何加入其中的。

一、投资策略的人工智能解决方案

目前量化投资策略可以大致分为大类资产配置、多因子策略、事件驱动、择时策略、统计套利策略、高频策略六种类型。高频策略虽然名为策略，但其核心在于整个交易系统的硬件、数据和策略融合，因此将在下一节和"系统化交易"一起讨论，在这里不做介绍。

（一）大类资产配置

大类资产配置指的是在各种不同市场、不同类型投资标的中进行配置的方法。通过调整在不同市场如债券、股票市场中的持仓权重，降低单一市场波动对净值曲线的影响，获得较高的风险收益率（或夏普比率）。无论采用何种方式进行大类资产配置，其大致理念都可以归结为如下两方面：

（1）利用不同市场之间的低相关性进行风险分散。"不要把鸡蛋放在同一个篮子里"是投资的基本思想，但更关键的是不能选择相关性很高的篮子。如果篮子之间的相关性很高，例如同时选择了上证指数和深证指数，其结果将是上涨时一起上涨，下跌时同时下跌，虽然选择了两个篮子但并没有起到风险分散的目的。大类资产配置的一个关键就在于不同市场之间的收益率相关性低，例如新兴市场和发达国家市场相关度不高，商品市场、债券市场、股票市场相关度不高。通过在不同市场中进行资产配置，大类资产可以起到分散风险的作用。

（2）利用市场的轮动效应和周期效应增厚收益。大类资产配置的关键在于调整在不同市场中的持仓比例。其基本的逻辑：不同类型的市场在大部分时候

第四章
人工智能 + 资产管理

的涨跌趋势并不一致，债券市场的周期和股票市场的周期并不重叠。因此，投资者可以在股票估值较低时增配股票权重，在债券预期收益率高时增配债券权重，从而实现资产轮动或者资产再平衡的效果，实现更高收益。

大类资产配置有两种基本方法。

（1）以马科维茨投资组合理论为基础的均值方差方法。其基本思路：给定各个市场预期收益率和预期协方差矩阵，可以通过最优化方法计算得出，在满足各种约束条件下风险收益率最高的权重配置。但是，马科维茨方法对预期收益率的估计十分敏感，容易造成误差被过分放大。因此，在马科维茨投资组合理论的基础上，后来费希尔·布莱克（Fisher Black）和罗伯特·利特曼（Robert Litterman）又发展出了Black-Litterman模型，它加入了主观预期，减弱了马科维茨方法中对预期收益率过分敏感的缺陷。

马科维茨或者Black-Litterman模型关注协方差矩阵的估计和收益率估计。投资者可以将历史收益率和历史协方差矩阵作为对未来的估计，这是最简单的做法，但并不准确，经常会导致权重配置过分集中于过去收益率最高的资产。但过去的收益率并不代表未来的收益率，因此这种配置办法最终得到的结果并不好。

因此，根据主观预期和宏观微观数据调整对收益率分布的估计，是一种比较好的解决方案。具体而言，投资者可以加入分析师预期、舆情数据、资金流向数据、宏观指标，汇总得到主观预期，在主观预期的基础上调整收益率和协方差矩阵。按照这种方式，在数据处理（如舆情数据）时就可以使用人工智能算法，并且在将各类指标汇总得到主观预期时，可以采用人工智能算法动态调整权重，更合理地形成对未来收益率和协方差矩阵的估计。

（2）以风险平价（Risk Parity）为代表的资产配置方法，桥水基金的全天候投资策略（All-Weather）就是依照这一方法。其基本思路：每个资产类别或多或少都会对整体组合的风险有所贡献，风险平价策略就是要保证各类资产在边际意义上贡献的风险相等。这一思路是直观的：如果某一类资产贡献的风险过多，那就应该减少这类资产的权重，同时增加风险贡献少的资产类别的权重，直至所有类别的资产的边际风险贡献都相同。给定投资者的目标风险水平，我们就能够获得对应的风险平价配置。

风险平价关注风险预算和各种资产类别之间的协方差。在估计协方差时，我们依然可以使用类似于马科维茨中所提到的方法，加入主观预期和宏观微观数据进行协方差调整。另外，在给定初始风险预算时，可以根据人工智能模型预测信号，是否针对某类高风险资产看涨而调整风险预算。其基本原理：在行情好的时候，可以适度增加风险预算以提升收益，而如何判定行情好则可以根据预测模型给出的信号作为依据。

另外，在确定了大类资产配置比例后，在战术层面还需要资金管理者在具体投资标的上进行选择。假设确定了股票配置50%的仓位，那么这50%股票配置具体选择哪些股票或股票型基金，仍然是资金管理者需要考虑的。通常大类资产配置并不选择具体股票或债券，而是采用配置指数或者配置基金的方式，但这是可以通过良好的模型预测能力，通过预测其上涨概率或违约概率进行标的筛选，这也能够为组合创造更高的收益。

（二）多因子策略

多因子策略是指运用指标（也可以称为"因子"）构建投资组合的方法，在股票量化投资中运用最为广泛。多因子策略在构建时通常遵循这样的思路：先找到和收益率最相关的一些指标，然后将这些指标通过某些方法合成在一起形成对股票的排序，从而构建最终的组合。具体而言，多因子策略步骤：因子挖掘→因子检测→因子合成→构建策略组合与优化。

1. 因子挖掘的人工智能解决方案

多因子策略的第一步是挖掘因子。量化投资者需要根据一定的经济学或者

第四章
人工智能＋资产管理

金融学知识、直觉构建因子。例如，投资者在市场上观察到大市值股票在某段时间收益高于小市值股票，那么他自然而然就可以将市值作为一个简单因子，通过信息系数（IC）、信息比率（IR）值或者收益单调性等方式判断因子是否有效。一般来说，因子可以按照类型分为两大类，一是量价因子，也就是通过价格和成交量数据计算得出的因子；二是基本面因子，也就是通过公司的基本财务状况等信息计算得出的。在构建因子时，量化投资者一般会有意识地将因子按照量价因子和基本面因子进行分类，并且还会进行更细致的区分：量价因子又可以分为动量类因子、反转类因子、情绪类因子；基本面因子则可以分为价值类因子、成长类因子、质量类因子。量价投资者通常会从动量或是反转的角度进行思考，并且将这些思考转化成数量化计算，总而言之，他们在构建因子时主要考虑的是因子本身具备的金融含义。

使用遗传算法能够为因子挖掘提供不一样的思路。遗传算法是一种模拟遗传选择和自然淘汰这一生物进化过程的计算模型，也是目前人工智能技术中较为有趣的一个领域。传统的因子挖掘采用的是"先有数据挖掘思路，再按照思路从数据中挖掘因子"的方式，但遗传算法则是让数据"自由地"组合，按照某些预设的规则生成各种各样的因子。接着，我们需要检测生成因子的有效性，淘汰掉无效因子，保留有效因子，再不断迭代，生成新因子。

遗传算法可以分为两个基本步骤：一是设定初始状态和遗传参数；二是通过遗传算子进行迭代。在因子挖掘中，初始状态通常使用的是常见的量价与基本面数据或已有的因子，而遗传参数主要包括适应性函数、种群大小、变异和交叉概率等参数。其中，适应性函数主要考虑因子和收益率的相关性（通常称为IC值），而种群大小指的是迭代过程中数据量或因子数量的上限。在设定好了初始状态和遗传参数后，遗传算法会根据遗传算子（选择、交叉和变异）剔除不满足条件的无效因子值，将有效的因子进行交叉，并引入随机性改变部分因子的计算逻辑。按照这种方式，我们可以得到和收益率越来越相关的因子，而这种产生因子的方式相对于传统方法显然更加高效。

遗传算法挖掘出的因子可以有两种使用方式一是把因子直接当成普通因子一样，放进因子池中，用于之后的因子合成和组合构建。但这种方式会使得因子缺乏金融学含义，并且可能会出现很多由于数据过度挖掘而产生的因子。二是人工核查遗传算法因子是否具备一定的金融学和经济学含义。采用这种做法对找到真正有效的因子是颇具意义的。

（1）提供因子新思路。在量化研究员没有好的因子挖掘思路时，采用遗传算法挖掘因子可能为量化研究员提供新的思路和启迪，注意到过去没有思考过的数据组合方式。同时，遗传算法采用的搜索方式并非暴力搜索，而是采用变异交叉、筛选、迭代的方式，这能较高效地产生和收益率相关性高的因子。

（2）避免因子拥挤。因子拥挤指的是市场中大量投资者都使用某些因子，由于使用的人太多而导致因子失效的现象。按照传统方式进行因子挖掘很容易出现因子拥挤的现象，因为量化研究员基于对金融市场的观察而产生的想法是比较容易相似的。遗传算法产生因子的过程受到量化研究员主观思考的影响更少，是几乎纯粹依赖数据和算法得出的，因此这类因子往往可以较好地避免因子拥挤的问题。

（3）避免数据过度挖掘。如果直接将遗传算法因子用于投资中，可能会导致过拟合问题。因为在遗传算法迭代时，我们选择的就是和历史收益率相关的因子，因此最终挑选出的因子可能过分拟合了历史数据，但在未来并不具备预测意义。如果我们人工核验遗传算法，并根据遗传算法的计算逻辑、总结出新的金融学含义，那么就可以淘汰过拟合产生的因子，保留那些既具备金融学含义也不同于市面上常见因子的结果。

2. 因子检验的人工智能解决方案

在已经挖掘了某些因子之后，通常我们需要先对因子有效性进行检验。以股票因子为例，通常需要关注以下三个方面：

（1）与股票未来收益率的相关性，这意味着它是否能作为筛选股票的有效

第四章
人工智能＋资产管理

指标。

（2）与已使用因子的相关性，相关性太高的因子并不是我们想要的，因为这意味着新挖掘出的因子与已有因子是雷同的。

（3）因子收益单调性和多空组合收益。如果因子的多空组合收益越高、越稳定，收益单调性越好，就意味着按照该因子进行股票买卖能够获得不错的、稳定的收益。

在检验因子有效性时，我们容易过分强调相关性和单调性。如果某些因子和股票收益率的关系是抛物线形，那么它们的相关性为0，但显然因子对收益率是具有预测性的。因此，采用上述方法进行因子检验时往往忽视了因子和收益率之间的非线性关系，导致很多可能具备一定预测性质的因子，在上述有效性检验中被剔除掉，这并非我们想要的。

使用简单的机器学习模型就能够改善这一问题。例如，在进行因子检测时，可以针对不同的因子值划分不同的多空组合区间。

3. 因子合成的人工智能解决方案

在已经构建了一系列有效因子后，量化策略需要将这些因子融合，得出最终的个股排序或预测，这一过程就叫因子合成。传统的做法通常会采用多元线性回归或者逻辑回归的方法。传统的做法比较直观，解释起来也比较容易，但却具有如下缺陷：

（1）过分强调历史数据中的静态特征，难以抓住时间序列随时间变化的特征。按照多元线性回归进行因子合成或预测，其基本假设：这些在过去产生超额收益的因子，在未来会以同样线性的关系产生超额收益（阿尔法收益）。事实上，这些因子所产生的回报，很可能并不是静态的，而是随时间变化的，其超额收益既可能呈现周期性，也可能呈现衰减性，这都是传统回归方法会忽略的。

（2）难以捕捉因子之间的非线性关系。在传统的因子合成中，较少考虑因

子之间的关联性，但因子之间的关联在超额收益方面能够贡献更多。例如，成长股的动量特征比非成长股的动量特征可能更强，而捕捉这种特征就需要关注成长因子和动量因子之间非线性的关系。

（3）线性回归的假设很强，与市场真实现象存在背离。在线性回归中，我们的基本假定是收益率残差是满足正态分布的。但在真实市场中收益并不是正态分布的，而往往呈现出厚尾、高偏度等特征。这一点在国内市场尤为明显。由于涨跌停限制等市场约束，股票的日收益率在正负10%（涨跌停）幅度出现的概率大，这和正态分布假设有相当大的差异，并且这些极端情形贡献了大量收益，捕捉尾部收益对提升策略整体表现是有很大帮助的。

因此，针对这些缺陷，自然而然衍生出了将新方法、新模型用于因子合成的思路。目前针对机器学习、深度学习运用在多因子策略中，有两种针锋相对的观点：一种观点认为，这类模型过于复杂，不适用于投资场景，投资面临的市场变幻莫测，并且对可解释性要求高，这是此类模型难以满足的。另一种观点则对新颖的、前沿的人工智能技术应用于投资抱有相当乐观的态度。他们认为使用这类新兴技术的投资者很少，更容易创造超额收益，并且越复杂的模型越能够捕捉市场变幻莫测的特征。这两种观点都有些似是而非。实际上，量化投资的基础仍然是基于统计和大数定律的，使用机器学习、深度学习方法仍然没有改变这一根本特征。复杂模型的理解成本可能更高，从统计学的角度看只要具备合理性，那么这一模型就是可执行的。量化投资最重要的是需要投资者从统计的角度理解，而非从传统金融的角度理解。也就是说，在运用较为复杂的算法模型时，既不能完全追求模型的新颖性，也不能一味排斥，而是应该基于统计学观察，选用恰当的算法模型，针对性地选择数据，从而捕捉超额收益。

实际上，已经有很多国内私募基金，如幻方、九坤等正在尝试使用机器学习、深度学习方法进行因子合成，用于策略构建。例如，分布式梯度增强库（XGBoost）、长短期记忆（LSTM Networks）网络、时间卷积（TCN）网络等算法就已经被用于因子合成中，并且获得了不错的超额收益。XGBoost基于树

第四章
人工智能＋资产管理

模型构建，能够捕捉因子之间的非线性关系，并且在模型可解释性方面也表现不错；LSTM和TCN都是序列模型，这类模型既能捕捉截面上的因子相关性，也能捕捉时序上的因子相关性。另外，将神经网络中注意力机制引入因子合成，能够捕捉在不同市场环境下的因子贡献程度，通过动态调整各因子的权重比例，提升策略表现。

需要注意的是，在使用深度学习和机器学习时需要格外小心。这是因为使用复杂模型进行投资策略研究，很容易出现过度拟合的现象：在样本内我们可以得到不错的结果，但在真正实盘时，其效果并不能保证。因此，在使用这类人工智能技术进行探索时，至少有如下方面值得注意：

（1）因子本身的选取很重要，否则容易造成"垃圾进，垃圾出（Garbage in，Garbage out）"的效果。在使用模型之前，需要经过因子挖掘、因子检验等步骤，确保输入的因子是有意义的，对股票走势具备一定的预测性。单纯地设想将价格数据、财务数据直接扔进人工智能模型的"黑匣子"，在目前的技术阶段至少是完全不现实的。

（2）确保数据量足够大。机器学习尤其是神经网络，需要大量数据用于训练，才能保证模型的泛化能力。但是，金融市场中的数据往往是相当有限的。以国内A股市场来说，从2005年后总共只有15年数据，以日频为单位，单只股票在2005年后最多只能获得15×252=3780个数据点。市场数据只有一次，我们不能人为地复现市场，但我们可以使用各种方法进行数据增强。例如，我们可以将日频定义为午盘开盘到次日午盘开盘，通过这种方式我们能够使得数据量增多一倍。

（3）将神经网络模型运用于投资时，需要对网络结构进行改进和调整。目前常见的神经网络结构一般是针对语音、文本、图像等特定数据结构设计的，例如LSTM最初就是用于处理语音和文本，卷积神经网络则是用于处理图像数据。将这类神经网络模型引入投资当中，并不能直接生搬硬套。主流的文本模型核心是解决文字的编码解码以及序列文本的关联，图像模型的核心则是捕捉局部相似特征和解决网络深度的问题。而在投资领域，我们关注的重点是捕捉截面数据特征和时间序列特征，这与文本、图像、语音等领域既有相似性，也有不同。因此，我们自然应该针对特定的数据结构、数据特征，对模型进行改进。

总体来说，在多因子策略中运用机器学习、深度学习、遗传算法等人工智能技术，已经成为投资领域进行探索的重要方向之一。一些私募基金、自营团队等已经通过业绩在市场中证明了其可行性，并且受到了不少投资者的青睐。但是，投资需要更长时间的检验，目前对这类较为复杂算法的使用还处于尝试性、探索性阶段，虽然已受到部分投资者认可，但离其成熟阶段，甚至到达对投资行业有所颠覆的阶段，还需要经历时间的洗礼。这期间仍然有很长的路要走。

（三）事件驱动

事件驱动是一类比较特殊的投资策略。其基本方法：通过检验某类事件在历史上是否能带来超额收益，从而决定在未来，当这一事件发生时是否买入或者卖空。例如，量化研究员可以统计在过去5年内所有发布并购公告的公司，其在公告发布后的1日、5日、10日、20日的收益。如果发现并购公告发生后，平均而言其收益比市场收益高，并且以5日收益最高，那么策略研究者就可以决定，如果一家公司并购事件发生后，就在未来5日增加该公司的仓位。

按照这一思路，事件驱动最关键的就是划分清楚"某类事件"，计算这类事件是否带来显著收益。但是这种方式很难抓住事件对市场产生影响的核心机制。例如，贵州茅台的并购事件和阿里巴巴的并购事件，虽然同属于并购事件，但其产生的影响肯定截然不同。在考虑并购事件所产生的影响时，必须要考虑并购方行业属性，被并购方实力大小，横向并购还是纵向并购，对公司竞争力及战略目标是否有明显提升等因素，单纯以"并购"事件类别将两者强行划分到一起并没有太多逻辑可言。直观地讲，事件本身必定和事件有关的公司

第四章
人工智能＋资产管理

主体及涉及关联是强相关的，不能完全在传统量化框架下一概而论。

知识图谱与知识推理技术为事件驱动策略提供了新思路。通过自然语言处理等技术，可以构建基于事件、企业、机构为主体的事件图谱。利用事件图谱，可以进行更深入的事件驱动分析：

（1）识别发现相似事件，进行事件回测。在运用事件图谱进行分析时，我们认为越相似的事件越可能产生相似的市场影响。这种分析并不基于类别将事件强行归类，而是根据事件的标签属性判断新发生事件与历史上发生的各种事件之间的相似性。例如，并购事件并非一个整体类别，而是应该根据并购事件具体标签（如并购方标签、被并购方标签等）之间的相似性进行判断。因此，通过挖掘相关联的事件，根据事件之间的相似度，可以更清晰、准确地回溯历史上类似事件发生时的市场表现，这有助于我们更精准地预测当前市场走势。

（2）辅助事件分析，进行关系推理。通过事件图谱，我们能够更容易梳理出事件可能的传导逻辑，从而为投资分析师提供帮助。例如，当政府机构发布了一项政策之后，通过知识图谱我们可以找到最容易受影响的行业和公司，并且参照过去政策发布时的市场表现情况，提前预判事件可能带来的影响。

在融合了人工智能技术之后，我们能够建立更完善的事件分析框架。相比于传统的事件驱动策略，这样做至少具备如下几方面的优势：

（1）我们能够更精准地分析事件发生带来的影响，更容易抓住事件对市场产生影响的核心逻辑，避免陷入统计数据的陷阱之中。

（2）知识图谱和事件图谱能够辅助分析决策，帮助我们找到更有逻辑链条的事件传播可能性。

目前将知识图谱、知识推理等技术运用于投资策略还处在尝试阶段。一些机构也将图谱信息和产业链融合起来，深度解析产业特征。对投资者经常关心的"黑天鹅事件"，这种新型事件驱动的方法也很难对此奏效。这是因为我们仍然是从历史的相似中去找规律，而"黑天鹅事件"的发生，至少在表面上是很难从历史规律中找到答案的，目前需要辅以更深度的人工分析和决策。

（四）择时策略

简单来说，择时策略就是决定何时买入和卖出的策略。和截面上使用的多因子策略不同，择时策略并不要求在时间截面上挑选股票或其他资产，而是根据交易信号触发，进行买入或者卖出的操作。例如，经典的趋势跟踪策略就是设定趋势是否出现、中继、结束的判定条件，当触发条件时，交易者选择开仓、加仓或者平仓，这即构成择时策略的核心。

择时策略需要根据历史数据进行回测，从而验证判定条件是否能够获得超额收益。当设定的某种交易信号能够获得超额收益时，我们就可以将其用于构造择时策略。

择时策略的交易信号通常并不复杂，更强调逻辑性以及对收益来源的根本思考，目前的人工智能技术对此很难给出更好的解决方案。如果择时策略同时采用多种信号进行交易，那么可以采用类似于多因子策略中因子合成的思路，将多种信号进行合成，这一步可以参考前面提到的机器学习、深度学习方法，在这里就不再赘述。学界和业界也有些使用强化学习构建择时策略的探索，但从目前的尝试来看还不够成熟。所以整体来看，相较于多因子策略和事件驱动，人工智能算法在择时策略方面的运用还不够丰富。

（五）统计套利策略

统计套利策略通常是选择两个或多个资产，根据资产之间的相关性构建策略。统计套利中最经典的一种策略称之为"配对交易（Pair Trading）"。这种策略建立在两个走势类似的资产的基础之上，这种性质称之为"协整"，如两个同属于某个行业、主营业务相同的股票就可能存在这种关系。从价格走势上讲，这两只股票可能在某段时间偏离，但最终的走势会趋于一致。因此，当两只股票的价差扩大或者缩小时，投资者就可以买入其中一只卖空另一只，直到

第四章
人工智能+资产管理

它们的价差重新恢复到均值水平,从而赚取价差收敛时的收益。

统计套利关心的是资产之间稳定的协整关系。这主要运用的是时间序列回归的相关方法,在这一领域,人工智能算法如深度学习、机器学习暂时没有太多运用。另外,由于国内市场特有的限制("T+1"机制、做空成本高),统计套利策略在国内并没有被广泛使用,这也是少有人研究如何在统计套利中运用人工智能算法的原因,如表4-2所示。

表4-2 统计套利策略

策略类别	人工智能技术运用场景	解决的核心问题	可行的解决方案
大类资产配置	资产配置优化	Black-Litterman框架下用于估计方差协方差矩阵和收益率	机器学习、深度学习
	风险预算调整	调整风险预算约束	机器学习、深度学习
多因子策略	因子挖掘和检验	减小挖掘因子中的人力成本耗费	遗传算法
	因子合成	加入非线性关系,增强因子预测能力	机器学习、深度学习
择时策略	信号合成	同时考虑多种择时信号	机器学习、深度学习
事件驱动	预测事件带来的影响	事件影响和关联分析,挖掘网状关系中的信息	知识图谱和知识推理
统计套利	—	—	—

二、投资策略中人工智能算法的局限性

在上述讨论中,人工智能技术主要作为量化投资策略的辅助,而并非直接"端到端"地完成"数据→策略"的过程。试图直接将价格数据丢入人工智能模型之中,即可获得一个能够运用于真实投资的策略是不现实的。在目前阶段,人工智能技术只是用于提升过去因子合成、因子组合等环节的表现。这和在其他领域如智能驾驶、棋类博弈等领域人工智能的运用很不相同,这是由于

投资的特殊属性决定的。

（1）投资不是纯粹的数据拟合，需要有基本的金融方法论作为指导。直接把过去的价格数据、基本面数据输入，预测未来的价格的做法往往会陷入一个困境：拟合最好的模型在未来极容易失效。造成这一结果的根本原因在于市场是在不断变化的，包括投资者结构、投资者行为都会因为时间推移而发生改变。如果过分关注数据拟合而缺乏对统计显著性的关注，最终的结果将会是模型看上去不错，但在实际交易时没有效果。

（2）投资决策过程无法重复。其他领域几乎总有方式获取更多的标注数据，用来验证模型是否有效，并且可以不断调整模型以提升准确率。但在投资领域则不是如此：人工智能模型如果没有用于实盘，模型再有效也只是无用的虚拟数值。一旦运用在实盘上，投资者就只会关注实盘业绩，而这一过程是不可逆的，我们无法通过改动模型而改变已经发生的真实业绩。因此，在投资领域真正验证模型的机会，可以说只有一次，那就是在实盘上。

（3）投资是远比棋类更复杂的博弈游戏。围棋和德州扑克通常被当作是最具难度的两款博弈游戏，但投资显然要更复杂一些：在投资领域的噪声远比信息多，投资者往往难以清晰定义信息到价格的传导逻辑，这导致投资难以简化为规则型游戏。

因此，从目前来看，构建投资策略时使用的人工智能算法和其他领域不太相同。智能驾驶、棋类博弈往往会使用基于强化学习的人工智能算法，但目前在投资策略中使用强化学习的情况还不太常见。

但这并不意味着强化学习是完全不可行的。从强化学习的角度看，我们可以设定交易场景，"喂"给机器过往的价格数据等作为状态参数，对每种买卖的行动给予相应的收益奖励，按照这种方式我们就能训练出一个可以自动化交易的机器人。直观来看，如果我们使用过去20年的数据进行模型训练，我们就可以得到一个拥有20年市场经验的机器人，在最乐观的情况下它就像一个在市场中操盘20年的交易员一样经验丰富，但这只是乐观的设想。从目前的情况看，围棋需要上千万次棋局训练才能达到和人类水平媲美的程度，要真想达到20年经验操盘手水平，可能机器需要2000年而非20年的交易数据进行训练才行——显然这是不现实的。因此，目前的强化学习技术还很难直接用于自动交易，但这仍然可能是未来人工智能技术在量化投资领域应用的一种方式。

第四节 系统化交易

前面谈到的投资策略可以说是整个投资过程中最关键的部分，但它并不是投资过程的全部。如果将投资的全过程比作开饭店，那么投资策略就相当于是"炒菜"，菜炒得好固然重要，但也需要摆盘、上菜等工序，最终的菜品成色还受到摆盘技巧、上菜速度、菜品搭配等方面的影响，只有综合考虑了以上各方面，最终的菜品才能令客户满意。系统化交易正是从全局的角度考虑投资过程：在投资策略之外，还需要考虑建立高效的数据储存、数据清洗的系统化过程，并且能够将策略转化为交易，进一步转化为收益。

一、系统化交易的应用

主观投资中，基金经理会根据自身经验从纷繁复杂的金融现象中判断方

向，构建策略，从策略到交易的过程也通常是根据自身经验进行判断和处理的。一个习惯主观投资的人通常会问，使用系统化或者说程序化交易，究竟能够带来哪些好处呢？

（1）系统化交易能够避免主观判断受市场本身的影响，克服人性的弱点。主观判断并非坏事，就算是系统化交易，也依赖于主观设定的某些约束条件、参数和投资逻辑。但是，市场在不断变化，如果主观判断不自觉地受到市场情绪、近期涨跌的影响，那么投资经理给出的判断就可能并非基于一贯的投资逻辑，而是在"反身性"的作用下使得最终策略极大地受到当前市场信息的干扰。通过程序化交易的方式，我们可以设定触发条件、资产配置逻辑，根据系统给出的信号自动化交易，从而避免在市场波动的过程中去干预。另外，构建量化交易系统的过程遵循"验证量化系统—从市场中获得反馈—改进和优化已有系统"的思路。通过不断优化系统的规则、约束，而非进行一次性主观交易决策的方式，我们可以在极大程度上克服不理性的投资行为。

（2）对于极快的交易决策，如果依赖交易员主观判断，就很容易错失交易机会。例如，针对日内交易，目前国内衍生出"手工T+0"的交易模式，即通过大量的专业交易员盯盘，关注日内波动，从而在价格波动中捕捉获利机会。如果能够将交易员的盯盘逻辑系统化、程序化，那么显然这种程序化下单的方式会比手工交易的方式要更快速、更精准。而在高频交易的场景中，程序化交易、算法交易的价值体现得就更加明显了。这是因为高频交易常常需要延时在毫秒级的下单速度，争夺的是转瞬即逝的交易机会，所以依靠人工的方法并不能现实，非常依赖从数据流到交易信号再到执行的自动化。

系统化交易本身就蕴含着"人工智能"的理念：通过程序化方式，让计算机实现从数据到策略再到交易的全过程。事实上，从20世纪80年代开始，系统化交易就受到了金融机构的广泛重视，并且在诸多国外的大型金融机构和对冲基金中已经被广泛使用。总之，在数据和策略之外，系统化交易还需要考虑如下的重要组成部分：风险控制、组合优化、交易成本模型、交易执行，如图4-4所示。

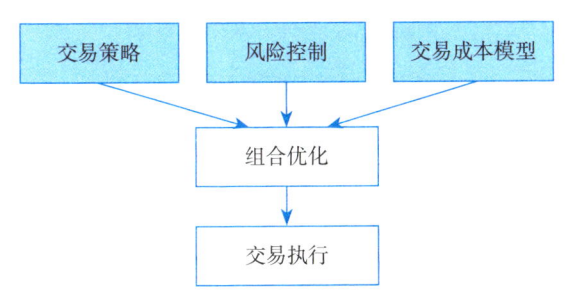

图4-4 量化交易系统框架

注：引自Narang R K. Inside the black box: A simple guide to quantitative and high frequency trading [M]. John Wiley & Sons，2013.

二、风险控制

风险控制关注收益的来源和质量。在某些风险上的过多暴露可能带来短期收益，但这些收益很可能并不稳定。针对投资者并不想要承受的风险，我们需要采用风险控制模型规避风险，或者将风险限定在某个可控的范围以内。具体而言，投资中的风险控制通常可以分为以下三个模块：

（1）风险度量模块。风险控制的第一步就是厘清我们需要控制的是何种风险。风险度量指的就是从不同角度考察风险，将风控目标转化为可以量化的具体数值。我们可以关注各种风险，如波动率衡量的风险、尾部风险、特定因子维度上的风险、市场整体的系统性风险等，通过风险度量将其转变为对某些风险暴露的控制。

（2）风险限制模块。基于已有的风险度量方式，我们可以将风险限定在某个范围以内，设定在不同风险暴露上的规模。例如，我们可以设定任何单一持仓的比例都不得超过5%，这种限制针对的就是单一持仓突然下跌的风险，通过保证分散化来控制它。而到底设定5%还是6%、10%的阈值，这就需要根据历史数据、金融理论等进行调整和优化。

（3）风控执行模块。风控执行模块的核心就是通过止盈止损等具体操作，将风险控制在交易层面执行。风险限制相当于一份"说明书"，而具体到风险预警、强制平仓等影响投资和收益的过程，还需要通过这一模块执行"说明书"中的风险限制。

系统化交易需要做的就是将风险控制的各个模块集成到一起，并且能让度量、限制、执行各个步骤都可以依赖计算机进行处理。例如，在设定风险限制时，可以采用蒙特卡洛模拟方法进行风险测试，也可以基于数值模拟，运用强化学习方法将风险应对策略予以改进。在风险执行模块中，可以加入舆情风险预警等模块，通过实时监控市场上的新闻、社交媒体中的讨论，提前预警相关风险，为执行风控提供更好辅助。针对风控模型的细节以及如何在其中使用一些前沿的人工智能技术进行优化，我们将会在下一章"人工智能+风控"中更详细阐述。

三、组合优化

在构建某个单一投资策略时，投资经理需要关注策略的超额收益和风险；在构建整体资产组合时，投资者还需要有更加全局的视角，关注资产组合之间的关联性，在各类资产类别之间分配权重。组合优化可以从横截面和时间序列两个角度进行拆分，横截面对应了跨资产类别的权重优化，而时间序列对应了跨时期的权重优化。

从长期来看，跨资产类别的权重优化在降低组合风险方面具备相当不错的效果。例如，科维尔指出如果将巴菲特的投资组合和商品交易顾问（CTA）期货管理组合按照适当的权重混合配置，就能够构造收益几乎和巴菲特投资组合相当、但风险低得多的组合。如果单独投资巴菲特的组合，投资者需要经历长达61个月的最大回撤，单独投资CTA期货需要经历长达55个月的最大回

第四章
人工智能 + 资产管理

撤，但是，采用同时投资CTA期货和巴菲特，按照50/50的资产配比能够将这一数值缩短到18个月。杰森·杰拉赫等人进行了一项更加细致的研究，他们在《为什么宏观战略投资仍然有意义？》(*Why Tactical Macro Investing Still Makes Sence*) 一文中深入分析了股票、债券、商品期货等资产的相关性，并且强调跨资产类别的配置方式能够有效降低波动，提高风险收益率。

经典的资产优化方法是基于马科维茨的均值方差理论或者风险平价理论。但在此基础上，数据和算法提供了更多优化的可能性。例如，从交易系统的层面，可以建立自上而下的交易体系，将宏观、中观和微观的投研能力进行结合。一般单个策略通常是站在中观和微观层面进行组合优化。在加入对汇率、利率、宏观整体趋势性研判等信息之后，可以对股票、商品、债券等资产类别的周期进行研究，结合机器学习等方法构建预测模型，针对大类资产的权重在整体组合层面上进行调整。想要做好这些方面的工作，需要建立宏观信息数据库并通过自然语言处理等技术对文本数据进行分析。

跨时间维度的权重优化的价值也正在凸显。例如，在"固收+"产品的构建策略中，为了满足客户保本的需要，通常会在产品存续期的前半段配置较多，有了较高的收益后，再增加中高风险资产配置的权重。我们可以基于对金融市场的模型框架，结合动态规划和强化学习的算法，从而调整跨时间维度的权重配置，这能够有效降低固收类产品的风险，在保本的同时为客户创造更高的期望收益。

四、交易成本

采用系统化交易，需要仔细考虑交易成本的大小。在执行系统化交易前，通常需要利用历史数据对系统和策略进行回测，以判断策略在历史上是否能够带来不错的模拟收益。而交易模型决定了策略需要预留出多少收益用于交易成

本，这一点针对频繁换仓的策略来说尤其重要。考虑一个每日100%换仓的策略，假设在不考虑交易费用的日均收益是0.1%，则其年化收益约为29%，但如果其双边交易费为0.15%，则策略的实际收益反而是亏损约12%。依靠精准的交易成本模型，可以防止某些策略在模拟盘运行效果很好，但一上实盘就因为实际交易成本过高而导致回撤的风险。对交易成本的预估极大影响我们对策略收益的判断，可以说成本模型在保证回测的准确性中起到了关键作用。

具体来说，交易成本包括三部分：固定交易成本、滑点以及市场冲击。固定交易成本指的是像印花税和交易佣金这样的费用，这部分交易费用通常是固定的，也非常容易度量。因此，一般来说交易成本模型重点关注的就是剩下两方面：滑点和市场冲击。

滑点则是指从确定某笔交易后，到交易真正执行之间市场价格变化所带来的价差。在实际交易中，滑点既有可能带来正收益，也可能带来负收益，这既和网络延时有关，也和策略本身的逻辑有关。例如趋势跟踪类策略的滑点通常会带来负收益，因为价格很可能已经按照趋势向预期的方向移动了，而与之对应的均值回复型策略的滑点很可能带来正收益，因为这种策略一般是逆着短期的市场趋势进行交易的。另外，高频交易通常也对滑点额外关注，这种策略对滑点的要求更为苛刻，它需要将滑点降至几乎为零的水平。因为高频交易通常基于对极短时间内（毫秒级）的价格判断进行下单，获利来源正是极短时间内的微小价差，如果市场上有类似的参与者更快下单，那么价格很可能已经偏离了之前的预测，此时滑点对收益带来的影响极大，策略收益很可能从显著为正转为显著为负。

市场冲击对交易成本的影响最大，同时不确定性最强。当某笔买入交易被执行时，它会拉高当前的市场价格；而当卖出交易被执行时，则会拉低当前的市场价格，因而产生的价格变动就被称为市场冲击。在衡量市场冲击时，通常有两种思路：

一种是根据理论给出市场冲击的计算公式，再通过各种金融数据校验

第四章
人工智能＋资产管理

理论公式中的参数，从而完成对市场冲击的计算。罗伯特·基塞尔（Robert Kissell）提出过一个预估市场冲击的模型I-Star，这一模型被用于瑞银集团（UBS）的交易成本预估。其核心可以由以下公式概括：

$$I^* = \hat{a}_1 \cdot \left(\frac{S}{ADV}\right)^{\hat{a}_2} \cdot \sigma^{\hat{a}_3}$$

$$MI = \hat{b}_1 \cdot I^* \cdot POV + (1-\hat{b}_1) \cdot I^*$$

$$TR = \sigma \cdot \sqrt{\frac{1}{250} \cdot \frac{1}{3} \cdot \frac{S}{ADV} \cdot \frac{1-POV}{POV}} \cdot 10^4 bp$$

模型涉及的参数都具有金融学含义。其中，MI（Market Impact，市场总冲击成本）和TR（Timing Risk，可能存在的时间风险）是我们最为关心的求解结果。I^*表示瞬时冲击成本，S代表订单大小，ADV表示最近30日日均市场成交量，S/ADV表示订单占日均市场成交率的比例，σ代表最近30日内的年化波动率，POV表示单笔成交占总订单比例，b_1代表订单造成的瞬时冲击占比。b_1、a_1、a_2、a_3都是需要根据市场数据进行校准的参数。bp指basis point，基点，指交易时的最小变动单位。根据模型，我们就能够计算出MI和TR的理论值，作为实际交易冲击成本的预估。

基于这一模型，罗伯特·基塞尔还提出了更多的改进和建模方法。关于模型的细节，可以通过《算法交易与组合管理科学》（*The Science of Algorithmic Trading and Portfolio Management*）一书进一步了解。

另一种则是基于拟合和预测的思路。我们可以从分时成交（tick）数据中获得信息，把每一笔交易发生前和发生后的市场价格变化率作为这一笔交易对市场的影响，以此作为市场冲击成本的真实值。通过市场当时的价量数据、市场波动率与不平衡程度、这笔交易的大小等特征，预测冲击成本的大小。这种做法和阿尔法策略的做法类似，核心是通过找到影响交易冲击的因子，再根据机器学习等方法，通过预测市场冲击成本构建模型。

值得一提的是，上述构建市场冲击模型实际上还并没有完成交易成本模块的全部。根据金融理论构建模型，或者根据市场数据构建算法模型进行预测，可以看成第一步，但接下来还需要完成如下步骤。接下来几个步骤虽然不会用到复杂的机器学习、深度学习算法，但仍然是非常重要的：

（1）针对构建的模型进行参数校准，或者对预测模型进行优化。

（2）构造最优交易策略。在实际交易中，整体组合的最优化并不仅仅是交易成本的期望值最小化，还需要考虑风险和执行全部交易的时间。因此，在交易成本模型的基础上，还需要进一步构建最优交易策略。

（3）根据真实交易表现进行调优。在真实交易中，预估的交易成本可能会不准确，这就要求我们根据实际的交易数据再对成本模型进行校准，以适应市场最新情况。

五、算法交易

在交易执行时，我们可以使用计算机制定下单的时机、频率，使得交易的风险降低，尽量减少市场冲击带来的不利影响。具体而言，我们可以使用算法交易拆分订单、执行试探性订单等。

传统的算法交易主要有时间加权平均价格（Time Weighted Average Price，简称TWAP）和成交量加权平均价格（Volume Weighted Average Price，简称VWAP）两种，TWAP是将大单按时间均匀切割的算法交易办法；而VWAP则是根据历史交易量将订单进行切割的算法，简单来讲就是在交易量高的时刻多成交，在交易量少的时候少成交。在VWAP的基础上，衍生出了跟踪市场真实成交量的变化，从而制定相应下单的算法交易策略。

针对更复杂的交易目标，我们可以基于更复杂的交易约束进行算法交易。例如，交易员可以设定让成交价尽量接近某个预设价位（I/S策略），在综合考虑市场冲击和市场风险后进行拆单，或者隐藏自己的真实下单意图，通过观察市场上已有的委托单伺机而动（Hidden策略）。

从TWAP到VWAP，再从VWAP到I/S、Hidden策略，算法交易的方法还在不断进化，变得越来越丰富。未来算法交易有可能从如下方面突破：

（1）针对突发情况，如价格闪崩、突发新闻事件等，算法交易模块能够准确识别出价格异常波动、立刻预警，并且可以设定突发情况发生时的特殊交易方式。当识别异常波动时，可能需要同时结合当前的舆情信号、其他市场板块的波动信息给出判断。

（2）将日内择时、日内策略和算法交易结合起来。日内择时给出的信号可以作为算法交易的一部分输入，进一步提升算法交易中的收益。例如，基于日内择时给出的买点，计算机可以在买点提高下单比例。

（3）对市场微结构的深入研究。通过盘口信息，根据秒级或者分时级别数据、资金流向数据等构建预测模型，能够辅助算法交易更好识别市场微结构，从而提升下单的收益。

（4）算法交易需要和策略、风控、成本深度耦合。在系统化交易时，需要充分考虑策略环节的调仓逻辑，也需要同时考虑交易成本模型中给出的市场冲击。例如，假设策略给出了某个调仓指令，现在轮到算法交易按照调仓指令执行。如果算法交易模型发现当天成交量不足，交易带来的市场冲击成本过高，并且策略给出的调仓也并不足够强烈，那么算法交易可以将调仓指令放宽至2日完成。算法交易的最优解需要从更加全局的视角考虑，而不是单纯为了让交易完成。

算法交易的一个特例是高频交易。准确地说，高频交易可以看作是将算法交易和策略、成本完全融合起来的例子。目前高频交易几乎没有用到和人工智能技术有关的内容，但是从高频交易中，我们能够有更深层次的对系统化交易的思考。

高频交易并不能将硬件、数据、策略、交易割裂开来。高频交易的核心目标是捕捉毫秒级的市场价格波动，通过精准地控制交易速度、交易价格、极短

时间的波动预测，在市场上获得收益。因此从一开始硬件配置阶段，高频交易就需要考虑某种策略是否能够有效地、在毫秒级延迟内执行，甚至许多高频交易公司专门搭建了微波信息通道，用于减少交易所之间信息传递的延时。从策略角度看，高频交易的策略不能太复杂，必须严格确保回测的可靠性，而且在策略构建一开始就必须非常关注交易成本。在交易中，高频交易的策略本身就包含如何针对订单进行识别、拆解，并且会在短时间内同时在数千只股票上进行交易，从统计上快速判断策略是否有效。可以看出，高频交易从硬件设置到数据流处理，再从策略构建到交易执行，都必须要通过非常紧密的配合，而这实际也是未来系统化交易可以参考的发展方向。

系统化交易至今已有三四十年历史，虽然其核心框架没有太大变化，但是每一个模块都经历了非常多次的迭代。很显然，这样的迭代还将会继续下去。而这一过程的关键就在于，如何使用更微观、更丰富的数据，结合算力和算法，优化原有的预测、估计或控制模型，让系统化交易的各个模块更加融合，并且在原有模型的基础上继续提升其预测能力。

第五节
"人工智能+资产管理"的展望

我们沿着"数据—策略—系统"的思路展示了人工智能技术在资管领域能够发挥作用的地方，从数据到策略、从策略到系统的每个环节，我们都能够看

第四章
人工智能＋资产管理

到人工智能技术的价值所在。

数据是投资的最底层。 人工智能技术在数据领域的关键应用在于对另类数据的处理，如文本数据、图像数据，这些数据中包含许多深度的市场信息，但这些信息是传统技术无法挖掘的。

策略是投资的核心。 在投资策略中，人工智能技术往往是基于已有的量化投资策略进行的改进。目前以强化学习为代表的人工智能技术并没有被广泛运用于投资中，策略中的人工智能技术如深度学习、机器学习是通过改进原有量化策略的某一个模块而运行的。因此，在策略中使用人工智能算法需要基于丰富的量化投资经验，需要清楚各类量化策略需要改进的关键点，而非凭空创造一个仅使用人工智能技术就能进行交易的策略。

系统是保证策略高效运行的体系。 采用系统化交易能够避免人的主观干扰，在克服人性弱点的同时，让交易得以快速执行。从交易风险、操作风险的角度考虑，提升交易的系统化水平是颇具价值的。无论是基于系统化交易的下单、拆单，还是从数据到策略再到交易的系统集成，都能够为资管行业引入更高效、更准确、成本更低的技术方案，见表4-3。

表4-3 人工智能技术价值所在

	核心难点	已使用的人工智能技术	未来的可能性
数据层面	另类数据挖掘	和图像处理、自然语言处理等相关的人工智能技术	行为金融数据
策略层面	策略优化、捕捉非线性关系	深度学习、机器学习	强化学习、动态调整、更强调时序特征的人工智能模型
系统层面	算法交易、高频交易	关键不在算法技术，而在于系统化、一体化的工程能力	形成更加系统化的投资体系，减少不必要的人工干预

以上讨论的数据、策略和系统，并不能概括人工智能技术在资管行业运用的全貌。在未来，还有许多课题值得我们进一步研究，笔者在这里简要列出了三个值得改进的方向：

（1）目前的研究对行为金融的刻画还相当不准确。对市场的微观结构、对个体行为如何加总形成市场现象的研究还相当缺乏，而这可能是未来人工智能技术能够有所成就的方向。例如，一些过去被用于复杂性系统、涌现现象的研究，也逐渐被引入行为金融领域，通过对微观个人行为的刻画，研究市场整体的行为，这种方法通常被称作基于微观主体的建模（Agent-Based Modelling）；另外一些基于社交网络的图模型也被引入行为金融领域，基于图网络的分析能够发现更多的群体行为特征，从更微观地角度分析市场趋势和反转，从中发现更多超额收益机会。但是，目前这些研究还很难为投资提供直接洞见，离真正落地成为投资策略还有非常长的距离，但其中蕴含着广阔的前景。

（2）目前投资中的预测模型在基于历史数据进行预测时，几乎都隐含地假定了数据分布是静态的、平稳的。但是市场是动态变化的，如何理解动态变化的市场是人工智能模型在未来真正能够挑战目前量化投资的关键。这需要投资经理从三个层面仔细思考：模型层面，量化投资经理需要构建能够动态调整的模型，利用新技术改进已有的策略；应用层面，量化投资经理不仅需要将模型落地，而且需要形成更加成熟的投资体系，带来实在的超额收益或更为稳定的收益；产品和客户层面，资管方需要建立特色和壁垒，利用技术优势和体系优势说服投资者，打消投资者顾虑。

（3）目前我们提到投资方面的人工智能赋能主要集中在二级市场投资，但很少涉及一级市场。这是因为一级市场对"人"的依赖很大，例如，一级市场投资对创业者特质、企业家精神等相对不易量化的信息有更多考虑。即使在一级市场，也仍然有需要可以量化的信息，如全球的产业链数据、人才资源数据、智库研究数据等。建立起这样的详尽数据库并通过技术进行数据分析，对于投资经理的投资决策、被投企业的尽职调查能提供帮助，也能够为一级市场

第四章
人工智能 + 资产管理

投资带来巨大价值。

展望投资行业的未来，人工智能技术的应用是辅助性的，其核心是运用人工智能技术获得更稳定、更高的超额收益。我们不能在投资中随意使用人工智能技术，"为人工智能而人工智能"的思路在投资中是不可取的。如何使用人工智能技术，需要根植于具体场景的思考：这一场景应该如何进行优化？如何衡量使用人工智能技术之后的优化结果？使用新的方法能够解决经典的统计方法、假设检验难以解决的哪些问题？

另外，由于国内市场的理财客户在风险偏好方面大都十分谨慎，对风险厌恶程度高，因此从产品上来讲，做稳定收益的产品更受客户青睐。但是，如果真正毫无风险，那么显然也几乎不可能获得超额回报。因此，投资经理需要关注的是如何在这两者之间实现平衡，即在几乎保本的情况下，获得较为优异的超额曲线。在这方面，以"固收+"为代表的理财产品和基金产品会有更大的机会。另外，回撤小、收益稳定的对冲量化私募产品越来越多地受到市场认可，它们通过股指期货对冲，规避绝大部分大盘涨跌的风险，同时保证较长的封闭期运作，从而实现较为稳定的收益增长。这种基于"类保本"约束下的产品创新叠加人工智能技术的运用，可能会成为真正未来最值得期待的资管产品风口。

第五章

人工智能+风险控制

第一节 金融风险控制关注什么

一、风险控制意味着保守吗

风险控制，或者说风险管理，是金融机构每天都不得不应对的实际问题。所谓风险，就是未来损失的不确定性。金融行业离不开风险：银行发放的贷款存在违约风险，券商在融资融券业务中有担保风险，保险则面临欺诈、骗保等客户风险。正是因为有可能出现损失，才需要金融机构的担保；正是因为不确定性，才需要金融机构进行投资或提供投资者服务。

风险控制并不是为了彻底消除风险。其核心是通过合理的风险发现、风险评估、风险定价，将风险限定在可以处理的范围内。金融机构可以利用风险，通过提供信用担保、投资决策等创造收益。

风险既是金融机构的收益来源，同时也是金融机构头上的悬顶之剑。让我们回想一下1995年的英国巴林银行倒闭事件。因为内部风控不规范、风险管理制度混乱，英国巴林银行的交易员里森动用银行资金不断进行近乎赌博的交易，以弥补一次失误所造成的损失。里森进行巨额的金融期货投机交易，亏损的雪球越滚越大，最终数额达9.16亿英镑之巨。1995年2月27日，这家有着230多年历史、在银行业中赫赫有名的机构，被英格兰银行宣布破产。

像巴林银行这样的教训，在金融领域还有很多。因此，金融机构在进行风险管理时，必须非常谨慎地评估和处理风险，否则一个极小的风险漏洞可能带来极大损失。更为严重的是，如果任凭风险积累，那么金融领域的风险不会只

第五章

人工智能＋风险控制

局限在某个小范围内，而是很可能扩散至整个金融领域。无论在进行风控领域的何种创新和业务迭代，我们都应该记住过去金融行业因为风控漏洞所造成惨痛结果的案例的警示。

另外，金融机构的风险控制也是监管层关注的重点。站在监管层的角度，监管层对于金融领域中的风险更为警觉，在金融创新时非常强调"守住风险底线"。金融体系中各种市场、机构相互关联，其微观结构错综复杂，不能被当成是孤立的主体看待。例如，一些银行的坏账、破产等负面冲击可能促使股票市场、债券市场出现剧烈波动；基金公司的购买行为、进行的产品创新，也可能为股票市场带来剧烈波动；另外，股票市场的涨跌也可能使得银行、证券等各种金融机构出现风险。

不同于其他行业，金融行业的风险不仅涉及金融行业本身，而且和其他实体行业、整体宏观经济的稳定密切相关。商业银行贷款面临的违约风险，不仅仅威胁商业银行本身的营收状况，更为严重的情况是如果在贷款出现违约时银行的风险准备金不足，那么银行就可能因为偿付问题陷入信用危机。银行的信用危机不仅会对单一银行带来挤兑或破产风险，甚至会将风险通过银行间市场等金融结构传导至整个金融系统之中，引发系统性风险。

正是由于以上原因，风控领域的革新通常趋向保守。这种保守体现在两方面：

（1）风险控制抵触引入不确定性。在风控领域，稳定性压倒一切。风险本来就代表不确定性，而风险控制的目标就是把不确定性转化为某种可控的不确定性——虽然仍然有随机性，但是通过风险控制后，我们希望将随机性保证在可控范围之内。

（2）金融机构如果再因为风控模型、人员操作等因素，在风险控制中引入不确定性，那就意味着之前的可控性又受到了一重挑战，这对于金融机构来说通常是不可接受的。而从技术的角度看，在技术新兴的早期阶段可能并不足够成熟，因此其创新带来的变革通常就具有较大的不确定性。风控对确定性要求

高，而技术创新的不确定性高，因而风控领域的管理人员通常对新兴技术有更多抵触。

风控部门不希望成为"第一个吃螃蟹的人"。风险控制并非业务部门，缺乏在市场竞争中获得收益的激励。风控部门在落地一项技术创新时，需要考虑的并非是能够带来多少收益或者降低多少成本，而通常是：这会在多大程度上带来不稳定因素。这种不稳定因素并不是指采用新的风控办法、风控技术本身，而是因为一些制度性安排造成的不稳定因素。例如，传统的管理人员通常对于新技术并没有深入了解，而引入新技术就意味着传统管理人员在风控领域可能会丧失一部分话语权，这是管理人员不希望发生的。更关键的是，当其他同类公司都没有引入一项技术时，风控部门没有动力成为"第一个吃螃蟹的人"。这是因为如果一旦因新技术的引入出现纰漏，那么负责引入这一技术的管理人员就必须为此承担责任；而如果按照过去的风控体系运行，即使出现了纰漏也并不是具体某个管理人员的过失。因此，通常在考虑创新时，风控部门会参考其他公司是如何运作的：如果已经有其他同类公司采用了更先进的风控技术，金融机构才会愿意进行技术上的更新换代。但这就导致风控领域的一种特有困境：如果所有的人都等着别人成为第一个吃螃蟹的人，那么谁会真正吃螃蟹呢？在其他部门，创新是被鼓励的，并且一旦成功也能够获得相应的回报。但管理层对风控的期待通常是不允许出现问题，而充满悖论的是，管理层只有出现了问题才会意识到风控的重要性。也就是说，只有等到风控失效的那天，风控创新才会凸显价值。这就导致风险控制通常是趋于保守的。

当然，保守并不是坏事。风控部门最需要的就是保守而非激进。"在保守中创新"，虽然听起来有些奇怪，但这正是风控领域运用人工智能等技术最需要的。风控领域很难出现彻底的、颠覆式的改进，而是需要在原有的风控体系基础上进行循序渐进的优化。例如，随着保险行业越来越多地引入科技，风控方面也逐渐使用人工智能技术，实现反欺诈等具体风控应用。风控的创新建立在以下两个基本出发点之上。

第五章
人工智能 + 风险控制

（1）风控连接业务端和管理层，为了业务端和保证管理层的目标趋于一致，有必要引入创新。业务端通常在市场上"攻城略地"，因此会对传统风险约束的边界有所突破。而管理层的战略目标必须充分考虑业务发展和潜在风险，确保风险是可控的。因此，风控需要化解风险，但同时也需要为业务提供支持，不能一味地控制风险而阻碍业务的发展。当业务创新需要风险发现、风险衡量、风险定价方面的创新，同时这种创新也符合管理层的战略目标时，风险管理也就自然需要引入创新。

（2）风控连接公司和监管，在保证监管要求下为了促进公司发展，可以引入创新。监管层通常需要站在更加全局、更加系统性的角度考虑金融风险，对风险的态度较为审慎。但对于不同的金融机构，其对风险的承受能力、认知态度并不相同。以银行为例，规模较小的城商行、农商行，由于竞争压力和业务获取难度，通常需要承担比国有六大行更高的风险，它们就需要在监管警戒线附近进行产品和风控创新。

总而言之，在风控领域引入人工智能技术，的确会比在业务层面引入人工智能技术遇到的阻力更大。但是，这并不意味着风控领域抵制创新、厌恶创新。实际上，风控领域的创新仍然是风控能力提升的关键推动力，只是很多创新并没有解决风控领域真正的难题：那就是如何发现风险、为风险定价，乃至通过产品设计将风险放入"防爆桶"里。很多风控创新只是以创新的形式将风险层层包装、实现风险转移，但这种做法并不是认真对待风险，只是将风险转移到了其他金融部门，其实质是放大了金融体系的系统性风险，这也是我们在思考风控创新时应当小心谨慎的。

二、风险类型划分

在进一步讨论之前，将风险的类型进行简要划分是非常有必要的。针对不

同风险，我们常常需要采用不同的风险管理措施，这也就意味着在这方面运用的人工智能等新兴技术也大不相同。

1. 信用风险

信用风险又称违约风险，是指借款人、证券发行人或交易对方因种种原因，不愿或无力履行合同条件而构成违约，致使银行、投资者或交易对方遭受损失的可能性。在巴塞尔协议框架下，信用风险需要根据外部评级机构给出的风险判定，或者根据银行内部数据评估得出的风险模型、风险参数进行计算。目前国内银行主要是根据外部评级机构数据进行风险判断，转向内部评级仍然面临很大挑战。

2. 流动性风险

流动性风险指由于缺乏流动性资产而导致的风险。对于银行来说，如果缺乏足够的存款准备金来及时支付随时可能发生的客户提款，就可能引发挤兑风潮的危险。在证券投资中，如果大量持有某一种资产，在资产因为市场冲击而出现大幅下跌时，因为缺乏对手盘交易而无法在合理价位卖出，就可能出现强制平仓甚至引发投资者赎回潮的风险。

3. 市场风险

市场风险是指在各种金融市场中，金融机构因为价格波动而出现损失的可能性。具体到各种金融市场中，市场风险又可以细分为汇率风险、利率风险、股票价格风险、商品价格风险等。市场风险通常是所有风险中最难应对的，因为市场本身就具备不确定性，这种不确定性很难通过风险识别和风险控制手段消除。针对市场风险，不同金融机构有不同的风险承受能力、风险评估手段，并且需要结合具体的市场情况，将风险限定在可控范围之内。

第五章
人工智能 + 风险控制

4. 操作风险

操作风险是指由于不完善或有问题的内部操作过程、人员、系统或外部事件而导致的直接或间接损失的风险。例如，客户可能伪造流水，在银行人员未能准确判断其流水真实性的情况下，通过银行骗取贷款。类似的，在保险机构中，客户可能通过欺诈等方式"骗保"，给保险公司造成损失。在许多操作细节中，如果存在治理不完善，就可能为金融机构引入操作风险。

5. 合规风险

根据巴塞尔协议的定义，合规风险是指银行因未能遵循法律法规、监管要求、规则、自律性组织制定的有关准则以及适用于银行自身业务活动的行为准则，而可能遭受法律制裁或监管处罚、重大财务损失或声誉损失的风险。不仅如此，合规风险实际上普遍存在于各种金融机构。例如，证券公司应当接受证监会的监管，因此存在未满足证监会相关规定所造成风险的可能；保险公司如果未满足银保监会的监督要求，也存在合规风险。因此，从广义上讲，合规风险包括金融机构因未能够与法律、法规、政策等保持一致而导致的风险。

6. 算法偏见带来的模型风险

当人工智能技术通过数据进行模型训练，数据本身存在的偏见也可能被引入模型之中。例如，在针对企业信贷的模型训练过程中，如果仅仅使用来自上市公司的数据，很可能模型在审核中小型企业的贷款资质时会产生严重的算法偏见。

7. 客户数据相关的合规风险

客户数据对于所有金融机构都至关重要，并且使用算法技术能够将这些数据资源用于提升推广、营销效率，从而产生非常可观的收益。但是，在使用客

户数据时，金融机构必须对客户隐私数据进行有效保护，防止数据泄露、保证数据安全，确保数据只被应用于满足客户授权和监管的范围。

三、金融机构的风险关注点

各种风险类型在不同金融机构中的重要性不完全相同。我们简要概述不同金融机构在业务中关注的风险重点，以帮助读者更好地理解对于不同金融机构、不同金融业务应该如何进行智能化风控升级，并且帮助读者思考在未来哪些方面更有数智化转型的机会。

1. 银行

银行在金融体系中的地位至关重要，所涉及的各种类型风险都需要关注，包括信用风险、市场风险、操作风险、合规风险、流动性风险等[1]。从业务组成来看，银行需要在揽储、放贷、理财等多个方面做好风险控制。在揽储方面，银行需要了解客户，发展反洗钱、反诈骗等风控措施，防止客户资金损失；在放贷方面，银行需要关注贷款方的信用资质，通过有效的信用评估手段控制信用风险；另外，在理财、换汇、银行间市场业务等涉及金融市场的业务中，银行也需要密切关注市场风险、流动性风险等。

2. 证券公司

证券公司主要关注的是市场风险、操作风险和合规风险。在资管业务和投顾业务中，证券公司、基金公司需要在金融市场中进行买卖交易，比如在股票

---

[1] 值得补充说明的是，在巴塞尔协议的框架下，流动性风险通常被划为市场风险，合规风险通常被划为操作风险。

第五章
人工智能＋风险控制

市场中进行投资，因此对于市场风险会额外关注；在经纪业务中，证券公司需要关注的主要是合规风险和操作风险，防止经纪业务中存在不合规行为，同时防止客户在证券交易过程中因证券公司过失导致交易失误；在投行业务中，证券公司关注的核心是合规风险，需要严防员工出现违反证监会规定的行为。

3. 保险公司

保险公司主要关注的是操作风险、合规风险。频繁发生的欺诈事件一直是保险业关注的重点。保险公司需要有效识别客户资质，并且针对可能出现的骗保行为及时甄别，防止保险诈骗发生。另外，在保险代理人和客户的沟通、推销、购买等环节，保险公司需要保证保险产品、推荐形式都符合银保监会的要求，这需要保险公司关注合规方面的风险控制。当然，在保险资金投入权益类市场、债券市场等进行投资、从事保险资管业务时，保险公司也需要关注各个金融市场的收益情况，在各种市场风险中的暴露程度，保证保险资金的安全。

4. 互联网金融

互联网金融主要关注信用风险和操作风险。互联网金融公司的主要收入来源是第三方支付业务和小额贷款。在支付业务方面，互联网金融公司需要管控的风险主要是账户异常、账户盗窃与冻结等。针对小额贷款业务，贷款人的违约概率是它们关注的重点。互联网金融公司的风险控制主要是运用大数据、结合算法确定贷款人的信用评级，将贷款人的违约概率控制在某个范围以内。

四、风险控制的基本逻辑

可以看到，风控部门面临各式各样的风险，而且在各种业务场景、各类金

融公司中都不尽相同。那么，在处理风险时通常遵循什么样的原则呢？一般来讲，可以将风险控制划分为风险目标制定、风险策略制定、风险辨识、风险反馈，如图5-1所示。

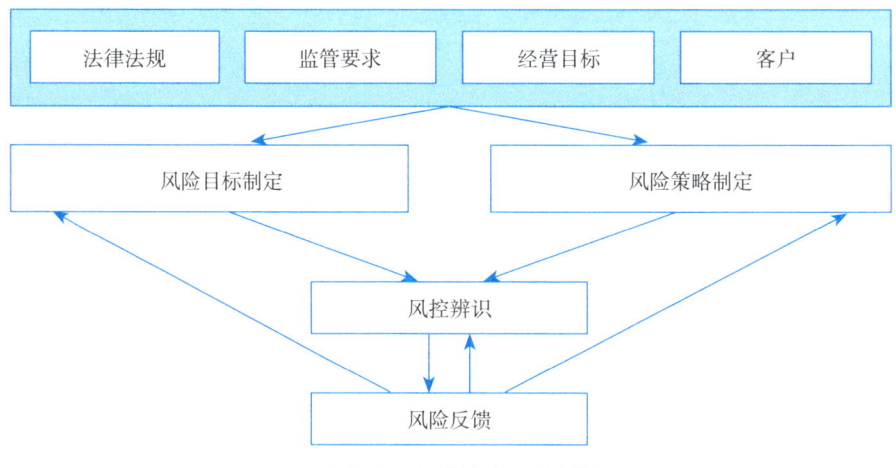

图5-1　风险控制的流程框架图

1. 风险目标制定

风险管理者应该制定风险目标，例如，将风险造成的损失控制在某个范围之内，或者某种程度的风险事件一年内出现的数目不超过某个阈值，等等。

2. 风控策略制定

风控策略制定是整个风控环节中最重要的部分。风险管理者应当根据关注的风险类型、确立的风险控制目标，综合运用各种方法进行风险测算、并针对重大风险制定具体的应对策略。其中包括了风险检测、风险预警、风险预估、风险缓释等多方面工作。另外，风险管理负责人还需要站在机构整体角度，统筹不同业务线的风险控制，将不同部门的风险管理工作放在一起加以考虑，避免出现风控漏洞。

第五章
人工智能 + 风险控制

3. 风险辨识

风险管理者应该首先定义清楚在具体场景中的风险点是什么，从业务角度、管理层角度、监管角度各种方面考虑可能出现的风险问题，建立风险判定的规则，确定金融机构的基本风险分类框架。

4. 风控反馈

建立畅通的反馈机制，能够在风险出现时，与各层级角色（如管理人员、交易员、销售经理等）沟通风险状况，并将风控策略执行下去。

了解风控的基本逻辑对于理解人工智能技术在风控中的落地至关重要。目前，风控智能化主要围绕风控策略制定和风控反馈。针对风控策略中各方面工作，我们可以制定智能化解决方案。例如，风险检测模块可以引入微观数据或从大数据角度对风险进行检测；风险预估模块可以采用算法模型，对历史数据进行拟合，发现规律。在风控反馈中，我们可以建立可视化风控平台，将风险预警等模块在各层级之间打通，通过商业智能（Business Intelligence）赋能风控。

另外，在思考"人工智能+风控"时，有两点值得我们注意：

（1）风控在金融行业长期扮演的绝非营利性业务的角色，而是承担防御性功能。理解这一点对于理解风控领域的创新、风控领域的人工智能技术使用至关重要。在金融风控领域运用人工智能技术，我们需要在关注如何使用人工智能技术让风险成本降低的同时，更加关注风控能力的提升。例如，如何通过智能化方法，尽早发现风险，更容易识别风险，如何实现及时预警等。

（2）智能风控可以多从主动风控入手。大多数风险控制都是建立在被动风控的基础上，即当风险出现时才进行控制。通过预测某种情况下更容易出现重大风险，在风险出现之前防微杜渐，通过丰富原有的风控维度，将过去某些不属于风险的事件也纳入风险范畴，通过智能化方法进行检测、预警。例如，保险公司可以通过智能检测，当接收到保险客户可能存在瑕疵的资料时，即对客

户予以提醒，以防止欺诈发生之后才进行止损行为。

在本章中，我们将从信贷、资管、保险和监管四个方面，分别介绍在不同业务和场景下，如何将人工智能技术运用其中。

第二节 信贷：违约预测与反欺诈

信贷业务主要是由银行和互联网金融两类机构开展。互联网金融的信贷主要面向的是消费者和小微企业主，资金量通常较小；个人消费金融业务在大部分银行机构的营收虽然不断增长，但其绝对市场份额并不大，主要信贷业务还是批发金融业务，面向的是公司、政府机构、同业机构等。信贷业务针对中大型企业。信贷风控方面的创新，目前主要来自互联网金融和银行的个人消费金融，因为其创新建立在客户的微观数据挖掘的基础上，中大型企业、政府机构的信贷风控难以通过类似方法复制，如图5-2所示。

信贷业务的风险控制策略可以分为贷前、贷中、贷后三个环节。贷前风控主要指对借款人资质的审核，贷中风控主要指贷款发放过程中的进程管理，包括操作风险的防范等，贷后风控主要涉及债务催收和不良资产处置。贷中和贷后环节的风控，其执行过程主要是依赖人力、按照固定流程执行，这部分的技术以风控策略的系统开发为主，数据和算法在其中主要是扮演辅助性角色；而贷前环节涉及的风控最值得关注，在信贷违约控制方面的贡献最大，也是涉

第五章
人工智能 + 风险控制

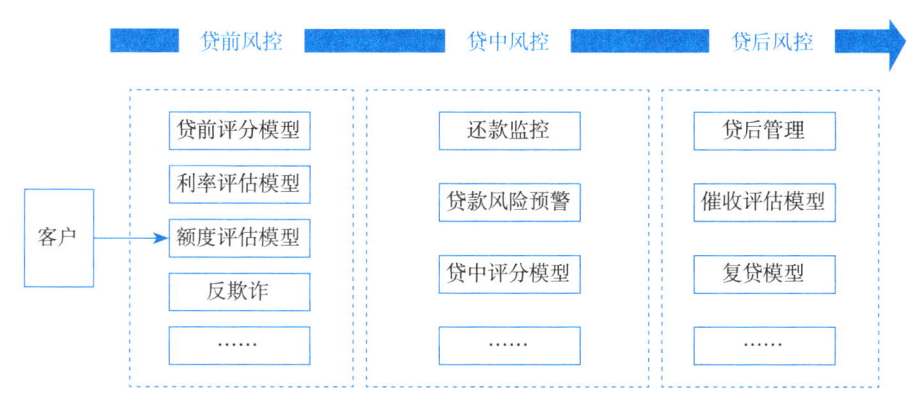

图5-2 信贷风控框架

人工智能等技术最为丰富的部分。

面向个人和小微企业主的信贷，在贷前环节存在的难点主要是：一方面，个人从银行拿到贷款的审批难度大；另一方面，银行对个人的服务成本也高。因此，减小个人和小微企业主在信贷中的审批难度，并且降低审批过程中金融机构的服务成本，是信贷风控需要解决的核心问题。接下来我们以个人信贷为例，介绍这一环节最主要的场景、原理与技术，包括违约预测、额度授信与利率评估、异常检测等具体任务。

一、违约预测

1. 基于规则或评分卡的违约预测

违约预测可以简化为一个分类问题：给定某个客户及其各种特征，判断在未来他是否会违约。传统的违约预测是基于风控专家根据经验设计的规则或者评分卡，如果满足规则或者信用评分高于某个阈值，则认为客户不违约，否则判定为违约。如图5-3所示，规则和评分卡示意图需要根据在每个单项上的打

分最后加总得到客户评分。

项目	满分	权重（%）	计分标准				
自然情况	75	37.5					
年龄	15	7.5	18~22岁	23~34岁	35~40岁	41~60岁	61岁以上
			2	3~14	15	14~5	3
性别	4	2.0	女			男	
			4			2	
婚姻状况	15	7.5	已婚有子女		已婚无子女		未婚
			15		10		8
文化程度	17	8.5	研究生及以上	大学本科	大专	高中/中专	其他
			17	15	12	8	2
住房性质	24	12.0	商业按揭购房		公积金按揭购房		组合按揭购房
			24		14		18
			自有		租用		其他
			13		9		5

图5-3 规则和评分卡示意

使用经验设计而来的规则或评分卡，面临的问题主要有两个：

（1）风控策略不够精准。风控专家虽然具备丰富的经验，但是其设定的规则仍然受主观影响大，很可能过于严格或过于松弛。从金融机构的角度看，信贷风控的规则最好让贷款人付利息的期望值减去违约造成的损失的期望值，刚好能在边际上高于机构为这笔贷款付出的成本。显然，依赖经验判断的规则很难做到如此精准控制。

（2）风控策略难以随时间自我进化。风控专家可能能够根据当前经验设定某个较为可信的风控规则，但是一两年之后应该如何处理呢？例如，一年前设定的一条风控规则是月收入必须大于3000元，但随着人均收入增长，这条规则也应该有所调整。

第五章
人工智能 + 风险控制

2. 基于模型的违约预测

从数据驱动的角度看，我们可以通过算法实现违约概率的预测，让风控策略精准，而且能够随数据进行迭代。给定客户特征，我们可以基于历史的信贷数据进行分析、建模，从而对当前客户的违约概率进行预测。最简单的做法是采用逻辑回归模型进行预测，这一模型可以看作是专门用于处理因变量是伯努利二项分布的广义线性模型。在违约预测中，是否违约可以看作是客户依照某一概率p违约，($1-p$)概率不违约，因而服从二项分布，可以使用逻辑回归。

基于分类树的集成模型（如XGBoost、LightGBM等模型）是违约预测中的常见模型。树模型可解释性强，并且树的分支也可以转化为规则形式，符合业务需求。例如，XGBoost模型在目标函数中加入了正则项和剪枝操作，能够有效防止过拟合，在优化时使用二阶导数收敛性能更好，并且可以使用并行计算，提升了模型计算效率。因此，使用XGBoost进行违约概率预测是经典并且有效的做法。

在集成学习的基础上，违约预测还应该考虑时间序列数据上的违约概率变化。例如，同一个客户在12个月前的违约概率和现在的违约概率很可能并不相同。如何刻画这一特征呢？一般而言有两种基本思路：一是将序列数据处理为特征值，例如将"过去6个月相比过去12个月的平均收入是否增加"作为特征，放入集成模型中；二是基于序列模型预测，如使用LSTM模型进行预测。将客户的行为数据、消费数据看作序列向量，作为输入放入LSTM模型中进行训练，从而获得基于序列数据的违约预测模型。但在实践中，违约预测一般不会直接使用序列模型，这是由于可控性和可解释性在信贷风控中的优先级更高。即使使用LSTM等序列模型预测，通常也只是把模型预测的概率或者隐藏层输出作为特征，再放入集成模型之中。也就是说，把序列模型当成自动提取特征的过程，而使用的核心模型还是基于树的集成模型。

在真实业务场景中，模型预测通常会碰到如下的两类问题：

（1）样本不平衡。我们能够获得的数据样本中大部分贷款都没有违约，只有少数贷款是违约的。抽象来看，在信贷违约预测中正例样本多负例样本少。针对这种情况，通常可以采用三种思路解决：一是使用过采样方法生成更多的负例样本，典型的方法如人工合成数据算法SMOTE；二是通过加大模型训练时负例样本的权重，增加负例样本对模型的贡献程度；三是通过重新抽样，从总体数据中重新按照平衡的比例抽取样本，如使用自助法（Bootstrapping）。

（2）样本存在幸存者偏差。获得贷款的客户已经经过了筛选，因此那些因信用评级过低而被拒之门外的人并没有在样本范围以内。针对这种情况，通常可以使用高斯混合模型（GMM）算法对已有的数据分布进行聚类，并根据聚类得出的分布形式，重新生成新样本。

3. 预测结果到信用评分

为了便于客户理解，在实践中还需要将预测模型的结果转化为信用评分。一方面这种做法可以很好地和评分卡接轨；另一方面可以让客户更直观地感受信用评分。举个例子，客户得知自己的评分是800分（及格线是600分）显然比得知自己违约概率为0.02（及格线是0.01）要更加容易理解。

建立信用评分并不复杂。通常我们可以基于简单的映射规则，将违约概率预测值转化为信用评分。例如，按照如下的计算公式：

信用评分$=650+\max\{25\times(\log[(1-p)/p]-\log[(1-p_{benchmark})/p_{benchmark}], -300\}$

其直观含义是，当客户的违约概率和基准违约概率一致时，客户就能够获得基础分650分；如果其违约概率低，就会获得奖励分；如果违约概率更高，将会被扣减一定幅度，直到被扣至最低分650−300=350分为止。通过这样的转化，我们可以保证信用评分不会出现负值，并且评分值和违约概率一一对应，便于客户理解。

第五章
人工智能 + 风险控制

4. 模型评估

从算法角度看，违约预测的模型构建和其他二分类任务有非常多的相似性；但从业务角度看，违约预测在模型评估时和其他二分类任务有些不同，这些不同点非常值得关注。

在模型选择时，模型准确率不能有效反映模型好坏。设想一种极端的场景，假设客户的违约概率是1%，也就是100个人中会有1个人出现违约。如果模型对所有客户的预测都是不违约，虽然其准确率高达99%，但它仍然毫无用处：因为它没有能够识别出那个会违约的人！直观来讲，我们需要选择能够最大程度区分"好"客户和"坏"客户的模型，而不仅仅是选择准确率最高的模型。通常在违约预测模型中，我们会选择KS值[①]对模型进行评估，选择KS值最大的模型。

在评估模型表现时，应该高度关注模型的预测是否因数据分布改变而失效。需要警惕的是，真实违约可能是在6个月后才发生，如果等到从违约数据中发现模型预测可能失效时，就有6个月的贷款已经按照失效模型发放出去了！因此，在评估模型时，还需要非常关注是否存在因数据分布改变而出现模型预测不可靠的情况。通常我们可以使用PSI值[②]进行衡量，同时也可以关注KS值在样本内外的表现是否接近。

二、额度授信

在消费金融中，如果判定客户的信用良好，还需要解决的一个问题是如

[①] KS全称为Kolmogorov-Smirnov，衡量的是好坏样本累计分部之间的差值。——编者注
[②] PSI全称为Population Stability Index，是衡量模型的预测值与实际值偏差大小的指标。——编者注

何给予客户合理的信用额度。直观来讲，信用越好的客户授予的额度应该越高，同时在信用满足的范围内，金融机构可以授予那些资金紧缺的客户更高额度。

相比违约预测，额度评估在技术上面临的挑战更大。这是由以下两方面造成的：

（1）在模型构建时，额度授信的预测目标是给定某个客户特征，预测最优的额度大小。可是从历史数据中，我们如何获知"最优"的额度呢？实际上，我们最多只能从客户的额度是否用完，反推授信额度过高还是过低。但是，即使我们知道授信额度过高还是过低，仍然不知道授信额度在何种水平才是最优的。

（2）在模型评估时，违约预测模型可以通过上线后的实际违约情况进行评估。但额度授信则面临如下的难题：对某个客户授予一定额度后，如何评价授予额度过高还是过低？即使某个客户的授信额度已用完，考虑到授信额度过高可能引发的违约风险也更高，此时对他授予更多额度并不是好事。反之，如果客户没有用完全部授信额度，是否就应该调低其授信额度呢？如果客户有足够好的信用记录，多些授信额度也无妨。可以看出，额度授信需要综合考虑客户黏性、客户违约概率、客户消费能力等多个维度，并综合各种目标进行优化。

目前金融机构通常采用分步骤、分阶段的方式解决额度评估问题，这种方式的优势是较为务实、安全，但需要较多的人工干预。

（1）基础授信额度：建立从信用评分到基础授信额度的映射，信用评分越高，基础授信额度越高。

（2）额外授信额度：结合特定的客户风险暴露，衡量在偿还能力、消费潜力等方面客户是否有超越群体平均水平的表现，如果有超越平均水平的表现，那就据此在基础授信额度的基础上增加对特定客户的授信额度。

（3）主动的额度提升：针对客户发起提额请求，或者系统检测到客户用完

第五章
人工智能＋风险控制

全部额度后，通过人工审核的方式为客户提升额度。

可以看出额度评估过程仍然有很多优化空间。例如在额度提升阶段，提额所带来的增量价值较为容易评估和衡量。因此，我们可以针对有提额需求的客户，专门获取相应的数据，通过模型训练预测提额是否能够带来增量收益，如图5-4所示。

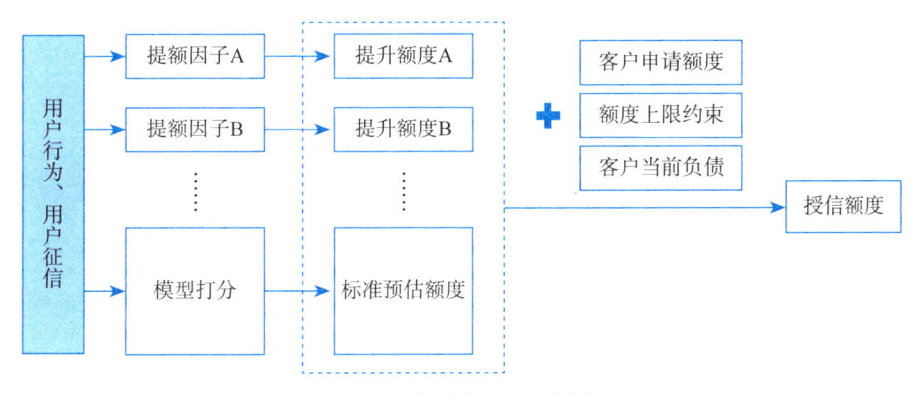

图5-4 额度评估的逻辑示意

三、利率评估

贷款利率的高低决定了金融机构的收益。过高的贷款利率会使得贷款人不愿意从金融机构借款，而过低的贷款利率又会使得金融机构无法获得收益。通常金融机构会在综合考虑公司融资成本、运营成本、客户群体的违约概率、支付意愿等指标后，通过计算评估得到大致的贷款利率范围或底线。但除此之外，金融机构还希望通过对不同客户群体收取不同的利率水平，从而最大化收益。因此，金融机构还需要针对客户评估究竟收取多少利率是最佳的。

目前部分金融机构使用的方法是基于贷款利率的阈值，通过A/B testing进行微调。考虑这样一种情况：金融机构根据精算结果发现，针对某类客户群体

应该将日化收益设置在2‰~3‰的利率水平，但不能完全确定具体何种利率水平是最优的。金融机构可以通过A/B testing选择从该类客户群体中选择一定数量的客户样本，将其划分为三类：为第一类客户提供日化2‰的利率，为第二类客户提供2.5‰的利率，为第三类客户提供3‰的利率。通过客户的转化率、交易行为、使用情况等多种指标，综合评估何种利率水平对金融机构最优。通过对比不同利率水平下获得收益的评估，金融机构可以调节利率水平，并将该利率水平推广至其他同类客户群体。

另外，根据A/B testing获得的数据结果，算法工程师也可以在这些数据的基础上使用强化学习，训练最优的贷款利率评估策略，用于调整利率水平。

值得一提的是，利率水平不仅和风险控制紧密联系，也从各种维度如客户留存、持续使用意愿等方面影响公司的收益。在实际场景中，利率评估通常要结合产品和营销一起考虑。例如，在给定某个利率水平之后，可以根据客户交易数据、信用评分变更情况等信息，通过优惠活动、奖励机制等方式，对利率水平做出调整。

四、异常检测与反欺诈

在信贷风控中，异常检测的应用非常广泛。在贷前环节，异常检测可以用于检测客户是否信息造假、虚假信贷等；在贷中环节，异常检测可以用于识别客户的异常支出、非法套现等。除了在信贷风控领域以外，其他领域异常检测的运用也非常丰富，包括在互联网行业中用于识别恶意刷单、工业界中用于次品检测等。在信贷风控中，异常检测通常是无监督学习问题，即我们没有现成的异常样本点用于模型训练，而是需要模型去"发现"可能存在的异常特征。

异常检测的方法非常多样，针对不同的应用场景、异常情况、数据特性，

第五章
人工智能 + 风险控制

其解决方法也各有特点。例如，想要识别团伙诈骗，可以基于图结构，关注某些异常节点之间的连接；想要识别客户非法套现，通常需要根据客户的消费时序数据使用统计方法进行识别。概括来说，在信贷风控中使用的异常检测方法大致可以分为以下几类：

1. 基于统计的方法

统计方法的基本思想是，如果一个样本点是异常的，那么它出现的概率就很低。因此，我们可以使用过去的样本中拟合出的数据分布，再从统计的角度判断某个数据点出现的概率如何。如果出现概率极低，那么就认为这个点是异常值。例如，想要检测客户填报的收入信息是否异常，就可以采用基于统计的方法。较为简单的操作是使用正态分布或联合正态分布对数据进行拟合，估计正态分布的参数值。更为常见也更为一般化的做法是使用高斯混合模型估计样本分布。针对时间序列数据，则通常会采用频谱分析或时序模型（如ARMA模型）进行参数估计。

2. 基于聚类、密度和邻近节点的方法

这种方法的基本思想是，如果一个样本点是异常的，那么它周围的"邻居"就很少（或者说它的"邻居"都离它很远），并且我们还可以推断它相邻的点也是异常的。通过使用聚类算法（如K-means和DBSCAN），我们能够判断哪些样本点更可能是一个簇，而如果某些样本并没有强属于任何一个簇，那么它们就可能是异常的。使用K近邻算法（如KNN），可以定义某个节点的异常程度就等于它最近的K个"邻居"的异常程度，从而找到异常度最高的节点。

3. 基于图结构的方法

图结构方法的基本思想是，图网络通常具有某些固定特性，如果某些节

点不满足图网络的特性，那么它就可能是异常点。例如，社交网络的图特性是"六度理论"，即在社交网络中任意两个节点只需要经过六层关系即可找到。如果在一个拥有海量客户的关系网络中，有些客户不满足这一规律，那么就更有可能是异常客户。另外，社交网络中的客户通常总会有一些好友，但又几乎不会有完全相同的好友关系。如果在图中某些节点之间关联非常紧密并且极为类似，而又和网络中其他客户关联极弱，那么就有可能是批量注册的账号或者团伙诈骗。另外在图网络中我们也可以使用图嵌入（Graph embedding）技术，通过对节点进行向量表示，再基于向量表示判断节点是否存在异常。

4. 基于自编码器（Autoencoder）的方法

Autoencoder的基本思想是，我们可以训练一个模型，让样本点在经过模型处理之后能"差不多"恢复原样。如果某些样本在这个过程中不能恢复原样，就代表它和其他样本很不相同，因此它们就是异常点。从技术上讲，Autoencoder先使用encoder层将原始数据降维，再通过decoder层升维，通过缩小decoder层的输出与原始数据的误差，从而进行迭代。类似地，变分自编码器（VAE）和生成对抗网络也可以被用于异常检验。

值得说明的是，上述对异常检测的概括并不完全。实际上，这一领域的算法非常难以全面地概括。针对不同的数据情况（是否是时序数据、是否是小样本集、是否已有标注数据）、不同的业务要求（关注准确率还是召回率、检测哪种类型的异常），使用的算法模型往往千变万化。例如，孤立森林算法也经常被运用在异常检验之中。孤立森林算法独辟蹊径，巧妙地构建二叉树森林，利用异常数据节点的高度较浅的性质，通过计算叶子结点的平均高度来寻找异常数据。

第五章
人工智能+风险控制

第三节
集合资产管理：风险预警、衡量与反馈

上一章我们已经谈过了关于"资管"的话题。资管涉及的风控范围非常广泛，例如在投资债券时需要考虑信用风险、流动性风险，投资股票或商品期货时需要考虑市场风险、流动性风险，整个交易执行的过程中需要考虑操作风险、合规风险。不同金融机构的资管业务虽然并不完全相同，但在目前资管行业面临转型升级的大背景下，其风控智能化的方向仍然有不少共性。概括来讲，资管行业的风控智能化主要集中在三个方面，如图5-5所示。

法律法规	监管要求	经营目标	客户

风险目标与策略

投资决策中的风控

风险预警	建立投资决策风控机制	
	数据跟踪与建立预警指标	
风险衡量	表现评估	敏感性分析
	VAR/尾部风险分析	……
风险反馈	自动化风险报表	可视化分析
	风控决策建议	……

图5-5 资管风控的流程示意

1. 风险预警

在风险发现的环节，投资团队关注的焦点是快速从各种数据源中找到风险来源、并且根据企业之间的控股关系、行业之间的关联等信息，找到可能存在风险的各类资产。例如，当一家公司出现债券违约时，尽管投资组合中没有出现该公司的债券，但应该通过关联关系对公司上下游、类似行业、类似地域的公司提前预警。

2. 风险衡量

当预警到风险之后，我们可以选择通过合理的方式规避风险，但在另外一些时候，我们需要选择接受风险，通过风险测量手段将风险限定在某个区间。例如，在投资过程中，市场风险通常是无法避免的。投资组合必然需要承受部分的市场波动，因此需要准确衡量其风险，以保证风险处于可控范围之内。

3. 风险反馈

风险反馈指的是让决策层面和执行层面之间的沟通流畅，并且保证投资的风险状况被准确地反馈给决策者，保证决策和执行同步。

一、风险预警

风险预警大致可以分为如下几个步骤：

（一）数据跟踪

传统风险预警关注的主要是标准化数据。大部分金融机构都会从数据供应

第五章

人工智能 + 风险控制

商采购金融数据，包括市场交易数据、公司基本面数据等。但是这些数据不足以涵盖投资领域的所有信息。例如，在市场交易数据出现异动之前，很可能已经有重大新闻、突发事件出现，而这些事件可能来自社交媒体，可能来自公司官网，也可能来自政策变动。因此，想要实现风险预警而不仅仅是风险提醒，关键在于"预先"发现风险点，这些风险点从源头上讲可能来自标准化数据以外的地方。以下四类非标准化数据是智能化的风险预警体系经常关注的。

1. 搜索热度

搜索热度从大数据中反映了当前某个特定公司可能存在的关注度。高关注度通常伴随着高波动，密切监控与公司名称、公司业务有关的关键词搜索热度，能够让金融机构在热度飙升时提前做出反应。

2. 社交媒体

社交媒体数据反映了当前社会舆论对某些板块或公司的关注程度。在很多公司有明确的负面新闻出现之前，社交媒体可能已经出现了一些讨论。这类数据通常容易更加真实地反映某些上市公司、资产组合面临的风险状况，但同时也需要注意的是，获取这些数据的难度较大、清洗难度更大。

3. 新闻研报

新闻和研报数据是典型的舆情数据。传统金融数据供应商实际上已经为机构投资者提供了这方面的数据，但是大部分投资团队是通过人力阅读的方式从中获取信息，而没有考虑数据储存、数据清洗、模型构建等操作，将这类数据作为风险预警指标。

4. 政府政策

政府机构发布的各类政策以较为复杂的形式影响着金融市场中股票、债

券等投资品的价格和波动。这类数据源较为广泛，其影响难以量化，但针对关键投资领域的政策进行跟踪，能够更早发现可能存在的风险，及时调整资产配置。

除了传统的基本面数据以外，投资团队可以从图网络、知识图谱角度理解企业关系，通过股权穿透、上下游关系获取公司的深度关联信息。这有助于投资者识别可能的风险传播链条。当被投资公司受到关联企业的负面事件（如法律诉讼）波及时，投资者能够通过风险传播链条及时识别风险，防止损失扩大。除了企业关联之外，投资者也可以基于类似逻辑建立行业关联、产业链关联等图谱数据。

搜索热度、社交媒体、新闻研报、政府政策通常都需要通过网络爬虫的方式获取；企业关联、行业关联等图谱数据则通常需要从特定供应商处购买，并采用技术手段进行加工。目前，市面上也有很多专门的数据提供商将上述数据汇总起来，打包成另类数据，能够为数据购买者提供定时或实时的数据更新服务。这种方式也为金融机构解决了数据跟踪这一难题。

（二）预警指标构建

从数据到预警，还需要构建预警指标，即定义清楚在何种情况下应当触发预警。这要求风控专家针对数据进行进一步的分析和处理，并形成预警指标。构建预警指标有如下方式可供参考。

1. 基于统计和规则

从交易数据、基本面数据出发，通过构造统计检验或者规则判定是否需要进行风险预警。这一方式是最传统同时也最可靠的风险预警方法。设定的指标可以基于波动率大小的划分、信用评级的变动或者单一资产或整体组合的近期最大回撤等。

第五章
人工智能 + 风险控制

2. 基于自然语言处理技术

这一方式主要针对非结构化的文本数据，例如我们已经提到的社交媒体讨论、新闻研报、政府政策等。针对某一上市公司的预警指标，可以根据社交媒体数据中提及该公司名称的讨论，分析其情感正负面，当负面打分的汇总值超过某个阈值时即触发预警。从算法上讲，这一问题是典型的命名实体识别结合文本分类的问题，目前较为便捷而通用的方案是使用BERT模型针对具体任务微调和改进。针对新闻研报、政府政策，预警指标也可以采用类似方法进行构建。

3. 基于图网络算法

传统意义上的风控通常难以发现资产之间隐藏的风险关联，而从公司关联、行业关联、产业链关联数据中，我们能够发现风险可能存在的传导逻辑。例如，当某家公司的下游公司超过三家出现负面舆情时，我们可以设置触发预警，通过人工排查的方式判断是否这类负面舆情会从下游影响至上游。

（三）建立红黄绿预警区间

在实务操作中，风控部门通常还需要将预警划分成红、黄、绿三类区间。建立多层级的预警体系，其目的是让整体风险控制策略变得更为稳健和连贯。监管要求的风险基准线必须是放在红色预警线内。在保证监管要求的基础上，风控部门可以根据实践经验划分绿区和黄区。例如，当风险指标从绿变到黄时，即需要采取一定措施以防止风险进一步累积，如对应某部分仓位降低，而当风险处在黄区并超过一定时长后，则需要通过平仓或者其他方式进行风险缓释。

二、风险衡量

风险预警指标仅仅是作为参考，它是用于提醒相关人员注意可能存在的风险，而不代表最终风控部门关心的组合风险。如果把风险控制看作是医生诊断，那么刚才提到的风险预警就是医生给出的"不要熬夜"的提醒。而诊断中最关键的部分是医生根据各种化验指标判断患者是否存在疾病。因此，风控部门更为关注的部分在于对核心风险目标进行有效度量，并且严格保证核心风控目标处于可控范围之内。

在资管中，核心风控目标通常有以下几种：

1. 风险价值（VaR）

VaR是风险衡量的核心指标，几乎所有金融机构都将VaR值作为风险衡量的关键。VaR代表了在某个特定概率下，资产组合在一定的期限下损失不超过多少。其直观的含义是，在"黑天鹅事件"没有发生的情况下，最多可能造成的损失有多少。例如，在99%的概率下，未来100天的VaR值指的就是未来100天内在99%的置信度下的最大损失。如果VaR等于100万，那就意味着未来100天内几乎不可能亏损100万。

2. 期望损失（ES）

ES值代表在损失超过VaR值的情况下，投资组合遭受的平均损失程度。根据VaR的定义，VaR值衡量大概率情况下资产的最坏情况。但要注意的是，VaR虽然给出了在99%的概率下可能出现的最坏情况，但如果另外的1%的情况发生呢？期望损失衡量的就是在极端情形发生的时候会产生多少损失。

3. 特定风险暴露

特定风险暴露指的是资产组合可能在某些特定领域存在特定风险，例如汇

第五章
人工智能 + 风险控制

率风险、利率风险等。在考察投资组合面临的汇率风险、利率风险，我们不能一概而论，而是应该分别依照不同风险类型进行测量，在进行风险控制时，也需要具体结合考察当前汇率环境、利率环境衡量风险情况。例如，在利率预期稳定的情况下，适当的利率风险暴露也是被允许的；而在利率预期不稳定的情况下，则需要非常谨慎地对待利率风险。在权益类投资领域，还经常会关注的一类特定风险叫作因子风险。这是指权益类资产可能在某种特定因子，如动量、质量、成长、市值、杠杆率、流动性等因子方面存在风险，风控部门还应专门衡量组合在特定因子的风险暴露。

4. 波动率

针对波动性较高的投资组合，投资经理通常需要控制组合的波动性，以防止过大波动导致强制平仓、资金赎回等问题。投资经理和风控部门通常都需要关注组合的波动性。

投资机构已经建立了标准流程和方法用于衡量上述的风险指标。其大致方法可以简述如下：

（一）风险价值和期望损失的衡量方法

计算VaR值已经成为大多数风控部门最关心的事情，通常在计算VaR值时，ES值也会被一同计算。因为这两者在模型计算上思路基本一致。如果我们从概率统计的角度理解VaR值和ES值，两者可以被写作：

$$\text{VaR}_\alpha(Y) = \inf\{y : F_Y(y) \geq \alpha\} = F_Y^{-1}(\alpha)$$

$$\text{ES}_\alpha(Y) = \frac{1}{1-\alpha} \int_{1-\alpha}^{1} \text{VaR}_\gamma(Y) \, d\gamma$$

其中$1-\alpha$代表的是风险价值计算时所选取的置信度，可以看作是显著性指标。F_Y代表组合价值分布的累积密度函数。

可以看出，如果能够拟合出组合价值的概率分布，那么就能同时计算出VaR值和ES值。我们有如下几种方法：

（1）历史模拟法：将历史数据通过重新采样的方法，模拟未来可能出现的情况，从而测算组合价值的概率分布。针对尾部重大风险（如百年一遇的金融危机）的历史模拟则主要通过极值理论进行测量，这是一种专门估计极端事件发生概率的方法，常见的模型包括区间极大值模型（Block Maxima Method，简称BMM）和阈顶点模型（Peaks Over Threshold，简称POT）。

（2）蒙特卡洛模拟：蒙特卡洛模拟指的是根据给定的随机生成模型，通过计算机模拟从而随机生成各种可能性，以此评估未来可能出现的风险情况。具体而言，在计算VaR值和ES值时通常需要使用连接（Copula），先估计Copula模型的参数值，再基于估计得到的Copula模型进行蒙特卡洛模拟。

（3）多元模型拟合法：多元模型指的是将组合价值的变动看作是多种其他变量造成的结果。通过使用多元模型对组合价值进行拟合，从而计算VaR值和ES值。

在多数时候，VaR值和ES值的计算通常需要综合以上各种方法，同时还需要结合压力测试和情景分析。这是因为VaR值和ES值仍然不能很好地衡量在非常极端的情形下可能发生的风险状况，因此还需要基于更多市场背景和金融知识进行"推演"，才能全面地衡量风险。

（二）特定风险暴露的衡量方法

1. 敏感性分析

测算在特定风险变动的情况下组合价值变动，衡量组合价值相对特定风险的敏感程度。以利率风险为例，风险分析师需要考虑在利率变动分别是–50bp、–30bp、–10bp、0bp、10bp、30bp、50bp下组合价格的变动，以此判断组合对于特定风险的敏感程度如何。

2. Barra风险模型

Barra风险模型经常被用于权益类投资的风险衡量，这一模型也被称作是Barra结构化风险模型。其基本思想是将投资收益拆解成各种因子的收益率，投资组合的风险则可以用因子收益率的协方差矩阵进行表示。采用Barra模型的好处是，因子收益率及其协方差矩阵更容易研究，并且其性质相比组合而言也更加稳定，同时因子本身也具备金融学含义，能够增强风控模型对风险的解释性，帮助投资经理和风控人员理解风险来源。

（三）波动率的衡量方法

波动率的衡量相对较为简单。一般而言，历史波动率可以用收益标准差或者收益下行标准差来计算。而对未来一段时间内组合波动率的衡量，多数金融机构会使用经典的时间序列模型，如GARCH模型、EWMA模型进行预测，基于预测结果衡量波动率风险。

可以看到，金融机构已经发展出了非常精细而又复杂的模型方法用于衡量风险。本书在这里仅仅是浮光掠影地介绍了其中几个最为重要的方法，而实际上，金融机构已经采用的风险衡量和控制方案要远比书中的介绍丰富得多。重点强调这些风控模型的原理和目的，是让读者能够粗略认识目前已有的方法，只有了解之后才能改进。

虽然已经建立了上述的标准流程，但风险衡量仍然面临以下两个难以解决的问题。

1. 多种资产的风险相关性刻画不准确

风险不能简单相加而是存在一定相关性。Copula模型和Barra风险模型都

在一定程度上解决了风险相关性刻画的问题，并被广泛认可和运用，但即使这样，它们在刻画相关性方面仍然有许多改进空间。例如，这类模型的基本假设是多种资产、多种因子之间的相关性是恒定的。但显然，资产相关性、因子相关性会随着时间发生改变，尤其是当风险事件发生时，其相关性会急剧变化。这就带来一个悖论：风险模型在没有风险时其假设有效，但在风险真正发生时其假设却恰好失效！

2. 极端情形下的风险情况很难度量

按照许多机构风险测算模型的结果，次贷危机发生的概率被认定为"25 sigma"事件，这类事件发生的可能性从宇宙诞生开始到现在都不会出现一次！很明显，这显然不意味着人类碰巧预见了宇宙历史上都难得一遇的事件，而是意味着在风险衡量时对极端情形下的风险没有考虑周全。事实上，风控部门常规的衡量方式关注的是日常损失，但需要着重关注的恰好是这种极端情形下发生的风险。这些风险发生概率低，但是影响重大甚至可能影响整体金融市场稳定。

学界和业界均在尝试将人工智能技术应用于风险度量，解决风控中存在的上述两大难题。但目前仍然处于尝试阶段，只是为传统的风险度量方法提供辅助性功能。这种的尝试也可以分为如下两方面：

（1）刻画相关性。一些研究通过将贝叶斯推断引入多元分布估计之中，再结合蒙特卡洛方法进行风险价值计算，更丰富地刻画相关性特征。另一些研究则尝试关注特定风险情形下的相关性特征，刻画极端事件发生时的风险性质。

（2）刻画尾部风险。一种方式是从行为金融角度出发，定义投资者在极端情形下的行为模式，基于计算机模拟研究尾部风险。另一种方式是从投资者之间的影响关联出发，通过图网络算法，刻画投资者的跟随效应、羊群效应，基于投资者的互动关系刻画尾部风险。还有一些研究着重关注"黑天鹅事件"，

第五章
人工智能 + 风险控制

以事件驱动的研究框架为情景测试提供补充。

要强调的是，这部分研究仍然处于非常初步的阶段，并且基本是在原有的风险度量框架下进行的。考虑到VaR值计算被巴塞尔银行监管委员会当作风险衡量的推荐方法，目前这方面的模型创新可以说都绕不开原有的风险衡量标准。

三、风险反馈

风控部门还需要关注风险的协同处理。一个投资团队的风险控制只关注局部的资产组合风险，而金融机构的管理层需要关注的是整个公司的风险来源。不同投资团队的风险指标需要被汇总至管理层，以便管理层根据这些信息做出决策。管理层需要先判断整体公司最大可承受的风险范围，再思考这些风险承受能力应该如何被分配至各个团队，最后再汇总各条业务线的风险报告，判断风险情况。

可以看出，风险反馈的关键是如何更加清晰、直观地汇总和呈现公司整体的风险状况，并且辅助管理层进行决策。显然，管理层并没有精力理解具体每个投资组合在风控时所使用的模型细节。风险反馈需要便于理解，将风控模型及其中使用的数据以简单明了的方式呈现。例如，VaR指标就可以看作是在20～30年前最直观的风险呈现方式：一个数字即能让人明白目前有多少资金处于风险状态。

随着技术不断发展，今天我们对于风险反馈的直观性又有更多不同的理解。例如，我们更希望数据能够以可视化的方式呈现，并且能够提供较为智能的决策建议等。这其中就涉及合理地使用商业智能和人工智能技术，让风控反馈变得更加易懂和高效。管理层视角下的风控反馈智能化通常关心以下方面：

1. 自动化风险报表

传统风控需要不同团队上报各自的风险信息，再由专门的风控人员将信息汇总并整理，最后通常还需要经过专业人士的甄别判断后才能呈给管理层。实际上，只要制定了完善的风险度量准则，就可以让风险相关指标计算直接在数据后台完成，减少甚至无须人工干预。例如金融机构可以根据收盘后的持仓数据，直接生成相关的风险指标，并且进行汇总整理，按照固定的格式模板，自动化生成风险报表。这一方法能够有效介绍风险反馈所需时间，让沟通和决策效率变得更高。实际上，美国有许多大型金融机构已经采用该种办法进行风险反馈。

2. 可视化分析

除了风险报表以外，管理层有时还需要关心更多的风控细节。可视化分析是一种不错的展现方式，例如风控部门可以将各维度风险暴露比例、各团队风险价值占比等数据通过仪表盘（Dashboard）的形式呈现给管理层并实时更新，还可以基于已有数据计算其他的风险关键指标。常见的仪表盘工具如Tableau和PowerBI已经被用于许多商业智能系统的开发，有不少金融机构也针对机构自身的关注重点设计了专门的仪表盘工具。

3. 风控决策建议

除了数据呈现以外，基于数据的分析也很关键。针对管理层提出的具体风控目标，风险反馈系统应该能够基于目前的风险情况给出某些可选的风控决策建议，让风险决策变得更加高效。

4. 监控突发事件

针对金融市场可能出现的突发事件，能够进行相关的风险预警，并进行一定层面的消息汇总，让管理层能够非常及时地获知最新动态，以防止错过最佳决策时间。这一部分所涉及的业务场景和在"资管风控"一节中的风险预警十分类似。

第四节 保险：投保、核保与理赔环节的智能提效

一、保险风险控制：流程与痛点

保险行业的风控主要是围绕保单进行的。整个保单周期可以分为以下三个环节。

1. 投保环节

投保人根据代理人、其他渠道获知相关信息，并对保险产品有一定了解后，选择其中的保险产品，并提交相关的基本信息和资料。在投保环节中，保险公司主要关注产品触达和客户营销，促成客户进入投保流程。

2. 核保环节

客户选择投保以后，保险公司需要关注客户是否满足保险产品的具体要求，并且通常需要客户提供补充资料。例如，针对健康险保单，保险公司通常

要求客户补充额外的健康证明，以防止客户在已经患有重大疾病的情况下购买保险。针对客户提交的资料信息，保险公司需要进行审核，这就是核保环节中最核心的风控部分。保险公司在核保过程中可能会设置多轮审核以防止操作风险，如设置资料初审、人工确认、正式核保等多个步骤。

3. 理赔环节

被保险人如果出现了保单约定的保险事故时，保险公司应当根据保险条款的规定，履行保险责任。在这一环节，保险公司首先需要确认被保险人符合理赔条件，其次根据提交的理赔资料进行审核。针对某些特定类型的保单，保险公司还需要根据具体理赔资料核定赔偿金金额。例如，保险公司在理赔车险保单时需要根据车辆情况进行定损。完成理赔审核和金额核定后，保险公司再根据固定的内部流程向受益人给付保险金，如图5-6所示。

可以看出，在整个保单周期中，投保环节主要关注的是客户服务、运营和销售，而核保和理赔则是需要重点关注风控。这两个环节的主要风控痛点可以

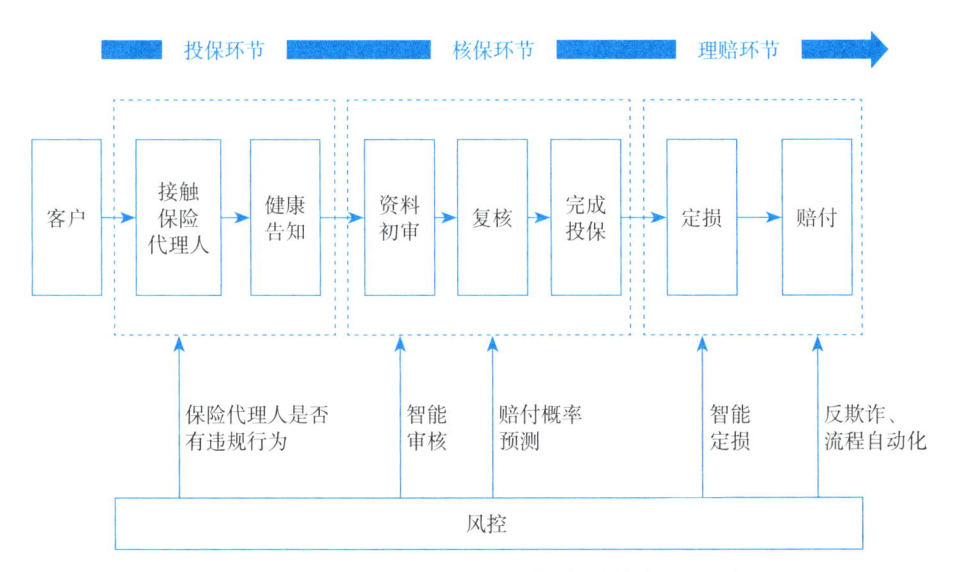

图5-6 保险的基本流程示意及保险风控在其中的作用点

第五章
人工智能 + 风险控制

概括为如下两个方面：

（1）人工审核效率低下，同时带来巨大的操作风险。可以看到，在核保和理赔阶段，保险公司均需要大量人力进行审核，保证客户满足保险条件或理赔条件。涉及理赔细节时，也需要依靠大量人力进行查勘、定损，并且这些环节对于人员的经验要求极高，经常需要实地勘察，耗费成本高，而且容易引入操作风险。例如，诈骗团伙联合核损人员进行诈骗，绕过保险审核。为了降低这种风险，保险公司还需要增加更多人力投入进行复核，但这又会进一步增加人力成本，降低审核效率。中小型产险公司的人力成本占保险收入之比超过15%，其中大部分人力成本都花在了理赔环节。

（2）信息不对称导致巨大的欺诈风险。投保人和保险公司之间存在着极强的信息不对称。保险公司只能依靠各种审核办法降低信息不对称带来的风险，但这种风险仍然难以消除。投保人对自己的身体状况、投保目的更为了解，如果投保人想要进行欺诈，尤其是与医疗机构、保险机构内部员工一起实行团伙诈骗，保险公司将会陷入信息非常缺失的处境，难以判断投保人的真实信息。

如何降低人工审核成本、采用智能化手段辅助人工审核，并通过大数据和人工智能技术获取、分析客户的完整画像，降低欺诈风险，这是保险风控在智能化升级过程中最为关心的。

二、核保风险控制

（一）信息采集与分析

传统的信息采集主要关注的是客户固有的身份信息和必要的健康信息，如年龄、性别、病史、职业、籍贯等。这种信息主要是通过由客户自行上报，保

险公司根据材料进行核实的方式进行的。更加智能化的信息采集方式可以通过如下两方面进行风控优化：

1. 大数据丰富客户信息维度

在信息采集的过程中，保险公司可以挖掘客户大数据用于辅助审核。例如一些互联网公司在开展保险业务的过程中，可以在合规前提下，整合集团内部、各子公司、各产品线的数据。通过结合电商数据、定位数据、信用数据等信息，保险公司可以针对客户构建更加全面的画像。基于这些信息，保险公司也可以优化过去的客户分组模式，优化风险精算模型。

对于健康险和寿险产品，除了传统保险业务中会关注的信息以外，信息采集还可以包括如下几方面：

（1）健康信息：线上买药的药品类别、过往就诊信息、其他保险产品购买情况、是否有高风险活动等。

（2）财务信息：日常支出状况、是否有贷款、信用情况、信用卡还款信息等。

（3）日常活动信息：水电缴费信息、地理位置信息、运动记录信息等。

基于这些信息，保险公司可以构建客户画像，并根据规则或异常检测，识别异常投保人，对这部分客户重点采用人工核验。基于这类客户数据的分析建模可能会面临数据量大、数据过于稀疏的问题，通常需要采用特定的算法方案和计算框架进行，如使用PS-SMART算法等。

2. 智能核验提升信息准确率

客户上报的信息电子化、无纸化趋势明显，保险公司也在不断简化核保流程。保险公司尤其是大型保险公司，正在推动客户将资料通过手机终端等方式自助上传。这种信息采集方式通常需要核验以下两方面：

（1）客户身份是否为本人。通过人脸识别、活体检测等多种认证方式结合

第五章
人工智能＋风险控制

的解决方案，保险公司能够更能确认客户的真实身份，防止盗用信息的诈骗情况发生。

（2）上报信息和证明材料是否一致。审核证明材料可以根据OCR技术进行初步识别、判定和上报信息是否一致。针对某些特定保险如医疗险、健康险，保险公司还需要针对某些特定疾病进行筛查并上传健康报告。而判别这些健康报告中的内容是否满足投保要求，则需要综合使用医疗图像识别和医疗专家系统等。

（二）核保结论

核保最终存在两种结论：一是核保通过；二是核保不通过。但在核保不通过的情况下，可能还存在如下三种细分情形。

（1）客户存在欺诈、不诚信行为。保险公司一旦发现这种情况，肯定不会为保险人承保，并且会将这类客户纳入不诚信名单中。

（2）客户的现状严重不满足保险产品所给出的承保要求。这种情况下，保险公司通常也不愿意承保，但是可能会为客户推荐其他的保险产品。

（3）客户在某些细节上不完全满足承保要求，但保险公司愿意通过延期承保、增加保费或者除外责任的方式为客户承保。

这种情形最为微妙，客户不完全满足保险公司的承保要求，但是如果增加某些附加条款能够被客户接受，保险公司也是愿意承保的。在这种情况下，保险公司需要制定额外的核保策略满足部分客户的特定保险需求。保险公司可以通过预测投保人在某些特定细节上不满足承保要求的情况下，所带来的额外风险概率，在原有的精算模型基础之上增加核保模型，用于判断在审核不通过的情况下，需要额外负担的保费。

三、理赔风险控制

（一）反欺诈

正如我们已经在信贷风控中提到的那样，反欺诈可以采用异常检测的方法进行处理，通过客户关系网络、其他业务数据，检测异常保险行为，减少理赔时的欺诈风险。

除了我们已经讨论过的异常检测方法以外，在理赔风控中的反欺诈还需要结合具体的保单类型进行精细化识别。例如，在二手车定损时，经常会遇到修理人员和保险受益人联合欺诈，或故意利用审核漏洞，制造"碰瓷"事件骗保的事件。在识别这类反欺诈问题时，还需要结合特定的人员关系信息，从经验出发划定最有可能出现的欺诈逻辑链，再根据异常检测、分类预测等方式识别欺诈。

在流程方面，理赔环节可以设定智能拦截和事后筛查功能，即对于那些模型预测出欺诈概率极高的保险客户，应当立即拦截理赔进展，交由专人再次审核；而对于人工核验已经通过的理赔案例，再放入模型之中预测理赔为欺诈的概率，作为人工审核之后的风控防火墙。

（二）流程自动化

保险公司可以将大量线下办理业务转移到线上，将风险程度较低的环节交由远程处理。更为关键的是，保险公司可以通过将已经成熟的人工智能技术集成到一起，让理赔过程中的许多步骤以自动化的方式进行。在使用人工智能技术进行审核之后，保险公司可以打通整个流程，先以人工智能技术完成理赔初审，再通过人力对某些可能的风险点进行再次核验。这种方式一方面可以增进客户的体验感，提高理赔效率；另一方面也可以为保险公司节省人力成本。其解决方案和"人工智能+智能服务"中的客户服务一体化是类似的。

第五章

人工智能 + 风险控制

第五节 "人工智能+风险控制"展望

在这一章里，我们介绍了针对信贷业务、资管业务、保险业务、监管层面的风控原理，并且阐释了如何在其中使用创新技术让风险控制更加智能化。

在考虑如何将人工智能技术运用于风控时，我们需要时刻意识到风险控制本身涉及的主题非常广泛，包括传统风险模型运用以及定义风险、风险缓释、管理风险敞口、敏感性分析等各种实务。例如，在VaR值计算的时候，就涉及关于收益分布的统计假设、适用情形、其他配合指标等细节，其内涵十分丰富。风控智能化仍然是风险控制很小的一部分，目前还有很多风控环节需要专家处理，数据和算法在这方面能够起到的帮助非常有限。

风控智能化在未来仍然会围绕着风险发现、风险评估、风险定价这三个最核心的主题。在风险发现方面，未来最具前景的方向之一就在于如何通过另类数据、关系数据挖掘，寻找传统风控中没有关注到的风险点。在风险评估方面，基于算法的风险评估方案，如使用集成模型的信贷风险评估，将会和传统金融风控中依照专家经验的规则方案形成互补，从主要依赖经验转向主要依赖数据和算法。在风险定价方面，金融机构将继续通过数值模拟等手段量化风险，让风险定价更加合理，这样做也能化解部分目前金融市场的产品单一化问题，建立其基于风险定价的多层次金融产品体系。另外，针对反欺诈、反洗钱这类特殊任务，风险控制将更多从行为数据、关联数据出发，从数据中发现异常、检测异常，并使用数据进行模型迭代，从而捕捉该类违法行为。

需要再次重申的是，风险控制的目的是防范和化解风险。风控智能化核心

在于通过智能化的手段检测风险、化解风险,而不是将风险层层打包。

回想2008年金融危机为全球经济带来的重创,这场全球金融风暴最初就产生于资产证券化的高杠杆和衍生品的过度创新。在金融市场中,风控不仅关系着一家金融机构的营收,还关系着金融体系的稳定。风险一旦超出控制并且形成风暴,那么恐慌情绪就会在金融市场中不断蔓延,制造更加强大的恐慌。金融行业对风险以及风险防范的强调,是金融行业数次金融危机、银行破产案例留下的教训,也是每一位从业者都应该有所敬畏的。

望向未来,我们可以期待金融行业针对不同风险承受能力的机构和人群,通过合理的风险发现、评估和定价机制,能够相应地发展出多层次的金融产品结构,在整个金融体系层面实现更加完善的风险定价。

第六章

"人工智能+金融"的未来：
数智化转型中的
人工智能技术

第一节 从数字化转型到数智化转型

一、数字化转型时代

如果说在过去10年金融行业的主题是数字化转型,那么在未来10年这一主题极有可能转变为数智化转型。过去的数字化转型的核心驱动在于如何把线下的,尤其是营业部才能完成的业务转移到PC端和手机端。这包括:

(1)信息化升级和数据平台建设。金融机构在过去的数字化转型中,首先要做的就是将各类信息录入数据库中,基于已有的数据库,重新建立一体化的数据平台。例如,过去有很多合同信息都是以纸质形式存储的,这显然不便于联网管理,因此金融机构需要将信息入库并且建立服务整个金融机构的数据平台,以打通不同营业部之间的信息。

(2)打造线上业务,实现线下业务向线上迁移,这是数字化转型的核心目标。在移动互联网时代,大型金融机构几乎都开发了至少一款金融服务类客户端,并且打通了线下业务转移到线上的重要过程。线上业务对金融机构来说异常重要。尤其是对银行而言,如果不能支持许多业务的线上办理,在金融服务方面的竞争力就会大打折扣。目前绝大部分银行都能够支持转账汇款、理财购买等核心业务功能线上办理,证券公司也提供线上开户、手机交易等核心经纪业务服务。

(3)打造综合性的金融服务平台。除了传统线下业务以外,金融机构也在不断尝试线上创新业务。许多金融公司都成立了科技创新部门,旨在利用已

第六章
"人工智能 + 金融"的未来：数智化转型中的人工智能技术

有的线上平台，通过打造新生态系统或与其他商业机构开展合作的方式，创造新的盈利增长点。例如个人信用卡业务需要联动商家、其他品牌方，塑造出新的营销推广生态、便民服务生态才能具有竞争力，因此除了线上迁移以外，金融公司还要在原有业务形态基础上创造出更多玩法。

二、数智化转型时代

数智化转型可以看作是数字化转型更深入的层次。在已有的数据、业务和平台基础上，如何让服务成本、交易成本、资金成本进一步降低，这是目前大型金融机构正在思考的问题。在数智化转型中，人工智能技术将成为关键引擎之一。

1. 使用人工智能技术从海量数据中挖掘潜在信息

随着数据量越来越大、另类数据越来越多，金融人员很快发现传统的数据处理方式并不能够精准地捕捉到数据中的非线性信息与另类数据中隐藏的信息，而这正是人工智能技术运用的关键。

2. 将金融专家知识与人工智能技术结合，打造数智化的专家系统

某些金融机构可能已经建立了类似的专家系统，但专家系统的数智化程度在过去还不能令人满意。如果能够恰当结合人工智能技术，加上更强大的算力和大数据，我们就能打造更具价值的专家系统，如投资系统、交易系统、风险评估系统等。和传统的专家系统相比，基于人工智能技术打造的专家系统可能更好地适应金融市场，实现推理、预测等功能。

3. 打造人工智能机器人，降低服务成本

金融机构在服务大量客户时需要花费巨大的人力成本及其他开销，但人工

智能机器人（尤其是线上的虚拟机器人）是可以几乎无成本复制的。这就诞生了我们在前几章谈到的诸多金融人工智能应用，如智能客户、智能助理、智能支付等，其核心是将过去简单的、重复性的客户经理、客户服务的工作，部分甚至全部地由部署在云端的人工智能机器人解决。由于降低服务成本立竿见影，这一类应用场景往往可以快速落地，并已经成为人工智能技术在金融领域中的重头戏。

我们已经从"客户—资管—风控"的视角阐述了人工智能技术能够赋能金融的关键节点，并且也列举出了其中的具体应用：

在客户服务方面，基于人工智能技术打造的推荐系统、问答系统将会成为客户服务的基础系统；另外，人工智能技术的落地强调打通各种壁垒，将原有资源进行整合，实现一体化服务。

在资管方面，人工智能技术需要很紧密地服务于数据、策略、系统化交易，包括处理另类数据、提升策略表现、增强交易的系统化管理能力等维度。

在风控方面，人工智能技术的应用相对需要保守一些，更关注解释性和稳定性，需要从风险发现、风险评估、风险定价等环节拓展传统的风控维度，实现风控智能化。

除此之外，还有一些极具前景的领域是本书之前几章并未涉足的，但它们也在近几年展现出了非常丰富的潜力，并且可以看到它们与人工智能技术有着千丝万缕的联系——在接下来的部分，我们将简要讨论这几个领域。

第六章
"人工智能+金融"的未来：数智化转型中的人工智能技术

第二节 ESG的前景与人工智能技术

ESG（Environment、Social Responsibility、Corporate Governance）是环境、社会与公司治理三者的缩写，它指向的是传统财务基本面没有关注的领域，也就是从一家公司长远的生态持续性、对社会的价值、公司治理结构等深层因素出发，衡量一家公司在未来的持续经营和发展能力。

市场对于ESG投资的关注在不断上升。事实上，已经有一大批激进派投资者，他们只选择ESG评分达标的企业进行投资，而拒绝投资于那些对环境污染巨大（如某些煤炭企业）、对社会产生巨大负面价值、治理混乱的公司，即便这些公司的营收状况相当不错。从这一角度看，随着越来越多投资者关注企业在ESG方面的经营发展能力，ESG评价对金融市场中资产定价的影响将会越来越重要。国外的知名指数编制机构MSCI就公开了他们对超过2800家公司的ESG评分。在国内，商道融绿、中央财经大学绿色金融国际研究院等机构都相继发布了ESG指数、ESG研究报告以及A股ESG评级。

ESG评级与ESG投资在目前阶段的核心痛点是数据。ESG投资能走多远、能展现出多大的潜在价值，很大程度上取决于数据的准确性、丰富性、连续性、多样性。针对国内企业的ESG数据仍然是稀缺的，这也直接导致成熟的ESG评级体系还没有被建立起来。ESG数据的稀缺性体现在几方面：数据难以获取、数据准确率难以保证。

借鉴国外的ESG评级体系，其ESG数据来源基本可以分为如下。

1. 企业公开信息

企业公开披露的财务报告中与ESG有关的信息、企业官方网站提供的有关信息等。

2. 政府公开信息

各类监管机构的监管性文件、地方政府有关的环境检测信息与奖惩信息等。

3. 社交媒体信息

针对企业的各类公开报道、社交媒体有关的讨论中与ESG有关信息等。

从数据来源看，这些信息大都涉及文本数据，需要使用自然语言处理技术实现自动化抽取信息，并形成ESG打分。在数据获取层面，ESG评分还需要更完整的数据爬取、数据清洗等工作，并实现数据自动化入库；在数据准确率层面，ESG评分需要利用人工智能技术从数据中获取评级信息。在这些和数据相关的工作中，人工智能技术可以起到很好的辅助性作用，其具体应用方式可以参照在"人工智能+资产管理"中的"另类数据+人工智能如何为投资提供洞见"一节。

第三节 监管智能

金融机构不仅需要和客户打交道，还需要和监管机构打交道。金融机构的

第六章
"人工智能+金融"的未来：数智化转型中的人工智能技术

合规支出非常高昂，而且在出现违反监管规定行为后的巨额罚款更是天文数字。金融机构需要通过科技创新降低其合规成本，而监管机构也需要在新的技术背景下使用科技手段应对金融业务的数字化、智能化挑战。

监管智能包含两方面：一方面是站在金融机构的视角；另一方面则是站在监管层的视角。

（一）金融机构视角

金融机构希望能够降低合规成本，采用更加自动化、智能化的方面处理满足监管层要求所需的材料、报告等。这主要包括以下几方面：

1. 跟踪各地法律法规，防止经营活动中出现违规操作

金融机构尤其是跨国金融机构，需要遵循各地不同的法规。银行在美国管辖范围内需要遵守多德弗兰克法案（Dodd-Frank Act），而在欧盟管辖范围内则需要遵守《欧盟金融工具市场指令》（MiFID Ⅱ）。这依赖于文本处理技术进行条款比对、文本分析。

2. 审核监管报送材料，防止材料出现纰漏

报送的监管材料通常需要满足严格的格式和内容要求，其中的文本错误、格式错误都可能对公司造成难以弥补的损失。虽然该类材料通常都会花费大量人力进行审核，但在某些盲区仍然可能存在各种错误，例如金额错误、表述错误、格式错误等。使用自然语义处理技术能够解决部分的文本纠错功能，为合规人员的工作起到辅助作用。

3. 实时有效的交易监控和审计，避免可能出现的合规风险

金融机构如果能够针对每笔交易都进行有效的监控管理，并且实时纳入审

计范畴，通过自动化的预警机制结合人工处理，就能及时应对可能出现的违规操作。

（二）监管层视角

从证监会、银保监会等金融监督管理部门对"金融科技"的提法来看，监管机构迫切地希望能够运用大数据和人工智能等技术，在原有的监管体系基础上让监管更智能。随着金融市场的参与者越来越多使用新兴技术，监管机构也自然而然需要对等地使用相关技术提升原有的监管体系，以保障监管的有效性。

传统的监管模式可以概括为被动型监管，监管层主要是根据市场中已经出现的某些特殊事件或者针对材料报送、披露中出现的不合规情况进行问询。但人工智能技术能够为监管提供更多可能性，让监管有更多主动行为。监管层可以通过搭建人工智能平台，实现更前瞻性的合规监控，从过去被动型转向主动防控，在风险点暴露之前提前部署相关政策和措施，进一步保障金融市场稳定性。

1. 反洗钱

反洗钱一直是金融监管关注的一大重点。传统的反洗钱主要基于规则和人力审查，例如监管层规定对超过某一数额的交易银行必须上报，并进行相关尽职调查。但是，随着技术进步、数据丰富度不断提升，传统的监管方案在处理纷繁复杂的资金流动时已不再是最优方案，基于数据驱动的监管方案在未来变得越来越重要。监管层可以通过汇聚多渠道的金融数据，搭建针对金融个体的深度画像，通过图算法等各种人工智能技术，洞察客户和客户之间交易联系、客户跨平台的交易联系。举个例子，如果某些高度关联的账户频繁出现资金流向的可疑操作，那么监管层就能够针对这些账户实现更精准的监管。并且，在

第六章
"人工智能+金融"的未来：数智化转型中的人工智能技术

这一过程中，监管层可以通过"数据—模型—数据—模型"的链路不断提升监管的精准性，这是传统监管方案无法做到的。

2. 监测预警

监管方可以使用人工智能技术构建预测模型，提高风险和违规行为预测的准确率，并且对于违规行为可以根据模型进行判定，这样做一方面能够大大减少监管层应对各种合规问题所需要花费的时间，另一方面也能够提升监管层的智能化程度，通过预警让监管"先行一步"，实现精准监管，甚至实现提前监测风险信号。

例如，监管层已经注意到在二级市场中，存在某些资金炒作、严重扰乱金融秩序的行为。在传统的监管体系中，监管层通常需要等这些行为已经发生之后，才能有相关证据对扰乱金融秩序的行为进行处置。但如果能够提前根据数据分析得出相关可能性，并对相关从业人员、相关公司提出预警，那么监管层就能够对该类扰乱金融秩序的行为提前发送警告函或风险提示函，起到威慑作用。

类似地，在其他重点关注领域，如房地产领域，监管层也可以基于资金流向等大数据，使用人工智能等技术从数据中挖掘资金流向的异动情况，在资产炒作发生之前就预判。

在监管领域的智能应用目前来看相对较少，尚处于发展早期。目前的应用场景主要为监管可视化、报送智能化，在这方面监管机构和被监管机构都有简化流程、提升管控力度的直接激励。看向未来，监管机构仍然有巨大的智能化提升空间。

第四节
无现金社会中的机会

刷卡支付和移动支付在日常生活场景中变得越来越重要。当交易越来越多地依靠线上完成时，消费者行为数据本身就成了一座"金矿"，沉淀下来的客户数据对于金融机构来说具备极大的商业价值。金融机构尤其是银行，其实已经在企业信用评级和个人消费贷款方面运用这些数据进行额度授予、风险管理、产品推荐等。

但更重要的是，金融数据不单单是服务于金融行业本身，而是有机会以其他智慧化方式反哺各种商业活动。例如，在银行信用卡业务中，银行可以为合作企业提供数据分析、客户画像等信息，帮助合作企业构建针对产品的消费者画像。相较于传统行业（如餐饮、零售），金融机构的数据处理能力、客户画像构建能力要强很多，金融机构可以凭借这种方式与传统行业的企业实现深度合作，并且有望运用数据为其他商业活动提供新的解决方案。按照这种思路，这类金融公司和金融科技公司在消费金融领域，将可能逐渐从支付服务和金融服务的提供商，转变为商业生态的平台服务方。金融业数据的充分融合、按照统一标准规范形成的金融平台服务能有效降低商业成本，发挥大数据优势，将金融行业的数据能力转化为助力商业生态不断升级的能力。

基于金融消费、信贷、理财数据构建的人工智能技术可以成为平台服务的辅助工具，其赋能范围远不限于金融领域。除了在商业产品端实现智能推荐、触达消费者以外，我们还可以通过对消费者消费场景、信贷用途等微观数据的智能分析，辅助产业转型，为其他产业的智能化升级提供支持。我们也可以根据近期的微观金融数据，为宏观研究、政策制定提供辅助意见。

总结

人工智能技术的赋能优势

人工智能技术在未来还将继续赋能金融。从目前来看，使用人工智能技术在如下方面依旧具备优势：

1. 极强的模式识别能力和预测能力

人工智能技术具备显著更强的模式识别能力和预测能力，能识别传统建模中不明显或未能揭示的变量关系，提升预测准确性。人工智能技术在风控中的应用已经较好地验证了这一点。

2. 性价比更高

人工智能可以在保持性能的前提下降低成本，性价比更高。智能开户、智能问答等系统相比人工而言，都具备更低维护成本。

3. 自动化程度更高

人工智能自动化程度更高，与人工处理方法相比其精确度更高，即使发生错误也更容易追溯，降低操作风险。

人工智能作为辅助性工具存在，能够提供比传统方法更好的技术解决方案。例如，平安子公司金融一账通发布的"GammaO"平台就将大量人工智能技术作为工具，形成人工智能辅助性工具的聚合平台。在平台上，可以直接调

用和金融密切相关的人工智能技术（如人脸识别），直接运用到业务场景之中。人工智能技术在未来将会越来越大众化，以低成本的方式为各种业务提供技术支持。

更多的挑战还是来自如何将人工智能技术和金融业务紧密结合在一起。许多金融场景往往需要和人不断交互，并且金融市场也在不断调整和变化，如何让人工智能技术更适应具体的业务场景，并且在原有业务基础上探索出更多的创新业务，这可能是未来人工智能技术在金融领域最关键的问题。这需要既熟谙人工智能底层技术，又深刻了解金融领域痛点的专家推动金融领域的数智化转型。伴随科技人才不断流入金融领域、金融人才转战金融科技领域，相信在未来金融领域还会出现更多迭代和创新。